公路收费员培训教程

王军 主编

人民交通出版社

内容提要

本书根据甘肃省高等级公路运营管理的实际情况，有选择地从公路发展、文明收费、规章制度到具体的收费业务、硬件设备维护、票卡管理等方面作了叙述。全书共分11章，内容包括：概述、收费理论与管理、收费业务管理、票据管理、IC卡管理、高速公路交通管理、高速公路交通安全管理、机电系统故障诊断、机电设备维护制度、收费礼仪、职业道德与文明服务。

本书可作为收费人员的培训、晋级考核用书，也可作为工具书使用，可供从事公路收费、运营管理的相关人员使用。

图书在版编目(CIP)数据

公路收费员培训教程/王军主编. —北京：人民交通出版社，2008.8

ISBN 978-7-114-07334-2

I.公… II.王… III.公路费用—征收—中国—技术培训—教材 IV.F542.5

中国版本图书馆CIP数据核字(2008)第127223号

书　　名：公路收费员培训教程
著 作 者：王　军
责任编辑：戴慧莉
出版发行：人民交通出版社
地　　址：(100011)北京市朝阳区安定门外外馆斜街3号
网　　址：http://www.ccpress.com.cn
销售电话：(010)59757969，59757973
总 经 销：北京中交盛世书刊有限公司
经　　销：各地新华书店
印　　刷：三河市吉祥印务有限公司
开　　本：787×960　1/16
印　　张：13
字　　数：200千
版　　次：2008年9月　第1版
印　　次：2008年9月　第1次印刷
书　　号：ISBN 978-7-114-07334-2
印　　数：0001-4000册
定　　价：26.00元

前言

车辆通行费征收工作是公路收费机构凭借国家赋予的权力，按政策规定向过往车辆征收通行费的过程。车辆通行费征收工作又是一种特殊服务行业，涉及内容广泛，岗位众多。收费管理部门属于窗口单位，从事车辆通行费征收工作的人员要有较高的素质，既要有较高的政策理论水平，包括熟悉国家法律、法规和本地收费政策等，又要熟练地掌握业务操作技能，包括收费业务知识、车辆判别、收费设备的基础知识和实际操作等。公路收费人员队伍庞大，其素质水平对交通行业的整体形象及创建交通行业精神文明"窗口"形象起着关键作用。因此，重视和加强对公路收费人员的训练和培训工作就显得尤为重要。

本教程根据甘肃省高等级公路运营管理的实际情况，有选择、突出重点地从公路发展、文明收费、规章制度到具体的收费业务、硬件设备维护、票卡管理等方面做了叙述，内容涉及面广、针对性强，目的是为了使各岗位、各部门的收费人员了解与通行费征收有关的业务知识和流程，促使收费人员遵守规章制度，提高工作质量。

本教程共分十一章，内容涉及公路发展、文明收费、规章制度、收费业务、故障诊断、设备维护、票卡管理、交通工程知识等，结合了近年来全国各省市公路收费的运营情况，吸收了公路运营机电设备的最新进展，考虑了最新法律、法规的有关内容并作了释义。教程中的文明服务规范、班站管理及常见故障诊断与处理等内容具有很强的针对性和可操作性，在公路收费实际工作过程中具有实用价值。本教程既可作为收费人员的培训、晋级考核用书，也可作为工具书使用，对收费职工职业技能鉴定也具有参考价值，可供从事公路收费、运营管理的相关人员使用。

本教程是针对甘肃省高等级公路收费工作实际编写的，可供兄弟省、市、区同行参考。

本教程由甘肃省高等级公路运营管理中心王军任主编。全书编写人员及分工如下：王军编写了第一章和第二章的第二节、第三节，并对全书修改定稿；郝巨鸣编写了第十章、第十一章，高宏编写了第八章、第九章；殷亚君编写了第三章；杨科锋编写了第六章、第七章；瞿荣编写了第二章的第一、四、五、六节和第四章；李光倩编写了第五章。

这本教材的编写是在甘肃省交通厅和甘肃省高等级公路运营管理中心的支持下完成的。在编写过程中，我们也吸收和借鉴了国内外有关方面的著作和研究成果，在此谨表谢意。由于我们知识水平有限，研究不深，书中难免有错误和欠妥之处，恳望读者提出宝贵意见。

编　者

2008年9月

目录

第一章　概　述

第一节　国内外收费公路发展现状

一、国内公路的发展

旧中国的公路交通极为落后，1949 年全国公路通车里程仅 8.07 万 km，公路密度仅 0.8km/百 km^2。建国初期，公路交通经历一段时期的恢复后开始获得长足发展，1952 年公路里程达到 12.67 万 km。20 世纪 50 年代中后期，为适应经济发展和开发边疆的需要，我国开始大规模建设通往边疆和山区的公路，相继修建了川藏公路、青藏公路，并在东南沿海、东北和西南地区修建国防公路，公路里程迅速增长，1959 年达到 50 多万 km。

20 世纪 60 年代，我国在继续大力兴建公路的同时，加强了公路技术改造，有路面道路里程及其高级、次高级路面比重显著提高。20 世纪 70 年代中期我国开始对青藏公路进行技术改造，20 世纪 80 年代全面完成，建成了世界上海拔最高的沥青路面公路。随着公路事业的发展，公路桥梁建设也得到发展，建成了一批具有中国特色的石拱桥、双曲拱桥、钢筋混凝土拱桥以及各式混凝土和预应力梁式桥。在 1949～1978 年的 30 年间，尽管国民经济发展道路曲折，但全国公路里程仍基本保持持续增长，到 1978 年底达到 89 万 km，平均每年增加约 3 万 km，公路密度达到 9.3km/百 km^2。

改革开放后，国民经济持续高速发展，公路运输需求强劲增长，公路基础设施建设开始发生了历史性转变。其主要表现在：公路建设得到中央和地方各级政府的重视，“要想富、先修路”，公路建设的重要性逐步为全社会所认识；在统一规划的基础上，开始了有计划的全国公路基础设施建设，20 世纪 80 年代初和 80 年代末国家干线公路网和国道主干线系统规划先后制订并实施，使公路建设有了明确的总体目标和阶段目标；公路建设在继续扩大总体规模的同时，重点加强了质量水平的提高,高速公路及其他高等级公路的迅速发展,改变了我国公路事业的落后面貌;公路建设筹资渠道走向多元化,逐步扭转了公路建设资金短缺的状况,尤其在1984年底,国务院决定提高养路费征收标准、开征车辆购置附加费、允许高等级公路收费还贷,自1985年起国家陆续颁布有关法规,使公路建设有了稳定的资金来源。从统计数字看,到1999年,全国公路里程达到135万km,公路密度达到14.1km/百km^2,为1978年的1.5倍。二级以上公路占全国公路总里程的比重由1979年的1.3%提高到1999年的12.5%,主要城市之间的公路交通条件显著改善,公路交通紧张状况初步缓解。总体而言,一个干支衔接、布局合理、四通八达的全国公路网已初步形成。特别值得一提的是我国高速公路的建设,高速公路建设是改革开放后我国公路事业取得的突出成就。

二、国外收费公路概况

德国是修建高速公路最早的国家,早在1919年就修建了世界第一条高速公路。到第二次世界大战前,已有3 440km高速公路,从1933~1939年6年间平均每年修建582km,到1990年底,高速公路已达8 970km,居世界第二。第二次世界大战前后,意大利、法国、英国、比利时、荷兰、西班牙、美国、加拿大、日本、韩国等国家以及我国的台湾省和香港地区也相继发展了高速公路。特别是韩国和日本,由于他们高速公路的高速发展,已分别成为“全国半天交通圈”和“全国一天交通圈”。德国是欧洲最后几个对轿车不收取高速公路养路费的国家之一。德国的高速公路网络是全欧洲最大的也是最贵的,至今绝大部分的道路维修保养费用都是由政府从税收中支付。但德国高速路不收费也不是绝对的,对于12t以上的货车,德国从2005年元月开始征收平均每公里15欧分的使用费。德国位于欧洲中部,周边各国运送货物和原材料的货车经常要通过德国,还时常造成交通堵塞。因此,向货车征收过路费,不仅可以充实国库,还可以减缓堵塞。

意大利是高速公路发展最早的国家,其高速公路建设始于20世纪20年代,而真正大规模建设和发展则是从20世纪50年代开始。1956年,意大利开始投入1 000亿里拉,用10年时间建成了1 000km高速公路,此后仍保持这个投资额。到1970年前后,意大利已基本形

成了全国高速公路框架，到 1990 年前后，高速公路网纵贯南北，连接全国各大主要城市，并且较密集地覆盖北方工业发达地区。目前意大利已拥有高速公路 6 377km，其中收费高速公路 5 443km，不收费高速公路 894km。意大利的高速公路，有 80% 是四车道，20% 为六车道。意大利 80% 国土是山地丘陵，为保证高速公路的技术标准和有利于环境保护，高速公路大量采用高架桥和隧道通过，其工程量之大、耗资之多，在世界上是少见的。据不完全统计，平均每 1km 就有一座高架桥，每 10km 就有一座隧道，每 12km 就建有互通式立交。由于意大利的高速公路建造标准高，运转了 40 多年，至今仍能适应需要。意大利的高速公路已成为该国交通运输的主动脉，在公路运输中占主导地位。据统计，昼夜行车量达 4 万 ~12 万辆，高峰路段达到 14 万辆；总里程仅占全国公路里程 2% 的高速公路，却承担着全国公路 20% 和 68.7% 的客货运输量；高速公路交通流量年均递增率为 6% ~10%，为一般公路的 2 倍，有力地促进了意大利的经济建设与发展。

美国高速公路发展虽然比德国、意大利、法国晚，但它是目前高速公路最多、路网最发达的国家。美国被称为“汽车轮上的国家”，在重大节假日，许多美国人习惯全家开车十几个小时去别的城市玩，在他们看来，比起乘飞机和坐火车，走高速是最价廉、也最惬意的。目前，全美国约有 9 万 km 的高速公路，其中收费路段只有 8 000km，集中在东部城市。1935 年，美国就建成了从波士顿到纽约的第一条全封闭高速公路，只有 11.2km；到 1992 年底，美国州际高速公路网计划已完成了 99.7%，各大城市之间都有州际高速公路相通，一些线路从 4、6、8 车道增至 10、12 车道，高速公路总里程已达 72 448km，占本国公路总里程(622 万 km)的 1% 多，占全世界高速公路总里程的二分之一以上，居世界之冠，其高速公路系统承担了全国公路运输任务的 21% 以上。美国高速公路系统，除较好地解决了国防需要外，还较好地解决了美国交通运输问题，如提高了运输速度，降低了产品运费，改善了交通安全和增加了车流量等。据美国政府统计，从 1956 年至 1990 年之间，汽车运输仅因减少在路口制动、停车及加速而减少消耗汽油费用就达 58 亿美元，州际高速公路每年还减少车祸丧命者 8 000 人及受伤者 50 万人。此外，高速公路还减少了货运时间，提高了生产效率，增加了营业收入。美国高速公路一小时最高通过车辆数达 1.95 万辆，平均每天通过车辆数最高达 24.5 万辆。

三、国内高速公路发展及收费状况

高速公路的建设和发展是国家经济发展水平的风向标。中国的高速公路发展比西方发达国家晚近半个世纪的时间，从20世纪80年代末开始起步，经历了80年代末至1997年的起步建设阶段和1998年至今的快速发展阶段。

1988年，中国建成第一条高速公路——沪嘉（上海至嘉定）高速公路。这是中国第一条按高速公路工程技术标准设计、施工的高等级公路工程，是交通部“七五”期间重点建设项目。它结束了中国大陆没有高速公路的历史，对其他地区高速公路的建设起到推动、示范作用。

1990年9月，在经过6年零2个月的建设后，全长375km的沈大（沈阳至大连）高速公路通车。沈大高速公路连接了中国东北地区的沈阳、辽阳、鞍山、营口、大连5个重要城市，开创了中国建设长距离高速公路的先河，为20世纪90年代中国大规模的高速公路建设积累了经验。

1993年，中国第一条经国务院批准利用世界银行贷款建设的跨省、市的高速公路工程京津塘（北京至天津至塘沽）高速公路通车，它全长142km，允许时速120km，设置监控、通信、收费、照明等服务设施。通过这条路的修建，中国制订了第一个高速公路工程技术标准。

2000年12月18日，随着全长1 260km京沪（北京至上海）段高速公路的通车，中国高速公路建设的第一个重要阶段结束。

短短10年间，我国高速公路就走过了发达国家高速公路一般需要40年完成的发展历程。高速公路及其他高等级公路的建设，改善了我国公路的技术等级结构，改变了我国公路事业的落后面貌，同时也大大缩短了我国同发达国家之间的差距。

回顾我国50多年来的公路发展历程，对比世界公路发展趋势，可以认为，我国公路交通正处于扩大规模、提高质量的快速发展时期。从20世纪90年代开始，中国进入了公路建设快速发展的时期，尤其是1998年中国实施积极的财政政策以来，国家每年拿出2 000亿元人民币用于建设基础设施，中国公路建设投资数量之大、开工项目之多令世人瞩目。高速公路建设是中国政府最近几个五年计划优先考虑的问题。从1988年中国大陆第一条高速公路正式通车到现在，中国

的高速公路建设取得了举世瞩目的成就。“十五”期间中国共建成高速公路2.47万km,是“八五”和“九五”建成高速公路总和的1.5倍,全国高速公路通车总里程先后跃上了2万km、3万km、4万km三个大台阶。1990年到2003年的14年间,中国公路建设累计投资近2万亿元,其中仅2003年就达3 715亿元,创历史新高。2004年底全国高速公路通车里程达3.4万km;到2004年底,中国公路通车总里程达181万km,居世界第三位,其中44%是最近14年内修通的;2003、2004两年,新增公路通车里程9.2万km;到2005年底,高速公路总里程达到4.1万km,位居世界第二位。目前除西藏外,各省、自治区和直辖市都已拥有高速公路,大部分省份的高速公路里程超过1 000km。辽宁省和山东省已实现了省会到地市全部由高速公路连接,长江三角洲、珠江三角洲、环渤海等经济发达地区的高速公路网络也正在形成。随着高速公路里程的不断延伸,规模效益逐步发挥,人们切身感受到高速公路带来的时间、空间观念的变化。在山东、辽宁、广东、江苏等地,省会到地市当天可以往返,这在过去难以想象。北京提出“迎奥运1小时交通”的构想,重庆提出建设“8小时重庆”,浙江的“4小时公路交通圈”,都正在逐步变成现实。

为支撑中国经济和社会全面发展的迫切需要,我国政府从2001年起,开始制订“国家高速公路网规划”,这个规划将指导中国今后20~30年内高速公路的建设和发展。国家高速公路网将在整合12条关键性的交通走廊“五纵七横”(5条南北向走廊,7条东西向走廊)国道主干线及8条西部大通道等国家干线路网的基础上,形成“首都连接省会、省会彼此相通、连接主要地市、覆盖主要县市”的全国性公路主骨架网络,将连接全国绝大多数大中城市、国家和区域性经济中心、交通枢纽、重要对外口岸等。政府计划用30年时间建设这个高速公路网,建成后将贯通首都和直辖市及各省(自治区)省会城市,将人口在100万以上的所有特大城市和人口在50万以上大城市的93%连接起来,使贯通和连接的城市总数超过200个,覆盖的人口约6亿,占全国总人口的50%左右。

2006年,“五纵七横”国道主干线京沪公路天津段、沪瑞公路三穗至凯里段、连霍公路清水至嘉峪关段,西部省际通道阿北公路黄陵至延安段、兰磨公路思茅至小勐养段,国家高速公路网京承高速公路北京段二期、杭瑞高速公路景德镇至婺源段等重点项目建成通车。根据交通部公布的《国家高速公路网规划》，从2005年起到2030年，国家将斥资两万亿元，新建5.1万km高速公路，使中国高速公路里程达到8.5万km。未来高速公路建设存在着很大的资金缺口，如果单靠国家投资发展高速公路是不现实的，也是不可行的。组建高速公路公司发行股票上市和发行企业债券，是中国公路投融资体制改革的一项重大举措。目前资本市场上外资及社会闲置资金充足，有效利用这些外资和民间资本，将为高速公路建设的发展发挥积极作用。

中国高速公路的发展同世界还有一定的差距，建设和管理方面的体制都不是很完善。加快高速公路建设是中国经济社会发展的需要。随着国民经济的快速发展，物流、人流、商品流大幅度增加，提高运输效率、降低运输成本的要求日益迫切。到目前为止所修建的高速公路仅满足了所需高速公路的30%多，应该说对高速公路的需求还是突出的。在中国经济比较发达的珠江三角洲、长江三角洲和京津冀地区，高速公路的建设和发展速度最快，同时高速公路为这些地区带来的经济效益也十分显著。在今后的经济发展中，这些地区仍旧是高速公路的重点需求区域。

中国高速公路建设取得了巨大的成就，公路在国民经济发展中的作用越来越突出，但和发达国家相比，公路里程、密度和技术等级等还有很大差距。这个问题在西部地区尤为突出。公路运输在西部地区占有绝对优势，在公路、铁路和水路三种主要运输方式中，公路线路里程占90%以上，客运量占93.3%，货运量占85.4%，均高出全国平均水平。但西部公路建设仍远远赶不上经济发展的需要，与东部的距离在拉大。

“西部”通常指陕西、甘肃、宁夏、青海、新疆、重庆、四川、云南、贵州、西藏、内蒙古、广西12个省市区，总面积为686.7万km^2，占全国国土面积的71.5%。到2001年，东部地区共有高速公路10 878km，占全国高速公路总里程的56%；中部地区5 014km，占25.8%；西部地区3 545km，仅占全国高速公路总里程的18.2%。在各地区的公路总里程中，东部地区高速公路所占比重为2.0%，中部地区为0.9%，西部地区仅为0.6%，中部地区所占比重不到东部地区的一半，西部地区不足东部地区的三分之一。

进入21世纪，政府提出“西部大开发必须加强基础设施建设，近期要以公路建设为重点”的思路。为此，原交通部专门制订了“加快西

部地区公路发展总体规划”。规划的目标是用20年时间，使西部公路交通发生根本变化，建成布局合理，功能完善的路网，总体满足社会经济发展的需求。规划各阶段实现西部地区公路交通面貌的根本性变化，实现西部地区公路交通的现代化。

第一阶段，从2005年起到2010年，8条国道基本建成，其余路段将实现突破性进展。加快西部地区公路交通建设的步伐，使西部地区的公路交通条件得到明显改善，为国家西部大开发战略的实施创造比较有利的交通条件。

第二阶段，到2020年使西部地区公路交通的发展取得明显成效，基本适应西部地区国民经济发展的需要。8条西部省际通道基本建成，与8条国道主干线形成沟通西中东部，贯穿西南、西北，通江达海，连通周边国家的公路网，形成完善的大通道，西部地区公路发展取得明显成效。

第三阶段，到21世纪中叶，使西部地区基本建成现代化的公路运输网络。

届时，国道、省际通道将构成2.8万km骨架路网，除乌鲁木齐和拉萨市之间外，其他相邻省会、自治区首府及直辖市，西部与中东部相邻省会城市之间，均由高等级公路相连接。西部各省会、首府及直辖市到所在本省地州市及区域对外通道干线公路达二级以上标准，车流较大的路段建成一级或高速公路。地州到县公路基本为三级标准的高级次高级路面，偏远地区达四级公路标准。县至乡镇为四级路以上标准，实现路面硬化。乡镇到行政村通机动车，有条件的通等级公路。

为了使西部公路建设发展目标顺利实施，抓好前十年的公路建设极为重要。十年中首先要建成国道主干线，这些主干线有8条连通西部，总长1.26万km，目前已建成和可利用的道路里程有4 000km，其他在继续建设中。其次，实施西部大通道工程，加快打通西部地区与中部和东部地区、西南地区与西北地区、通江达海、连接周边的运输通道。这些通道原则上以二级以上公路技术标准实施，重点建设8条路，总规模约15 000km。再次，要集中力量实施乡村公路通达工程，使有条件通公路的乡镇、行政村，特别是老、少、边、穷地区有条件通公路的乡、行政村实现通公路和通机动车，尽快提高通达深度。最后，抓好路网改造、边防公路建设。重点国道改造主要有国道214线西宁——打洛等5条国道，同时要重点加强边防公路建设，并进一步加快西部地区 10 个公路枢纽场站和信息服务中心的建设。

截至“十五”末，我国西部 12 个省（区、市）除西藏没有建成高速公路外，已建成高速公路 10 822km，占全国高速公路总通车里程的 26.4%。据不完全统计，“十五”期间，包括高速公路在内的西部公路交通建设累计完成投资超过 4 000 亿元，占西部地区国内生产总值的 5% 左右。除西藏外，西部各省（区、市）至少建成了一条以上的省际高速公路，促进了西部大开发，方便了群众出行。预计到 2010 年，西部高速公路通车里程将超过 2 万 km，90% 以上的乡镇和近 50% 的建制村通沥青（水泥）路。

甘肃省本着充分体现“全局性、开放性、前瞻性、可行性、经济性”的原则，同时处理好行业与全局、局部与整体、近期与远期、需要与可能、建设与效益的关系，制订出了一套符合我省省情的高速公路网规划。甘肃位于祖国大陆中心，在西北地区居于座中联四的中心位置，具有承东启西、南拓北展的区位优势，是中东部联结西北、西南的枢纽，又是进入西北少数民族地区和青藏民族地区及边疆地带的桥梁。古丝绸之路在境内绵延数千公里，新亚欧大陆桥在甘肃境内全长近 1 600km，占国内总长的 35%。特殊的地理位置，决定了甘肃高速公路网在西部地区、全国乃至国际范围内均具有重要的地位。纳入甘肃省高速公路网规划的地域范围为甘肃省行政区划界定范围，规划地域内的所有高速公路（国家高速、地方高速）均列为规划研究对象。以 2004 年为基年，结合甘肃省情，规划目标年定为 2030 年，具体分为近期（2001 ~ 2010 年）、中期（2011 ~ 2020 年）和远期（2021 ~ 2030 年）三个阶段。结合甘肃地形、经济发展及路网特性，初步确定甘肃省高速公路网布局方案采用“放射线为主、纵横线为辅”的布局模式，形成由省会兰州向外呈放射状、东西横贯、南北纵跨的公路运输大通道，大致由 8 条省会放射线、4 条南北纵向线、2 条东西横向线和 1 条地区环线组成，简称“8421 网”，总规模 5 200 余 km，其中包括国家高速公路网规划路线 3 700 余 km，地方高速公路 1 500 余 km。在“8421 网”中，主线 4 700 余 km，地区环线、联络线 530 余 km。

甘肃省第一条高速公路是 1995 年建成通车的天水至北道高速公路，全长只有 13.15km，投资只有 7 800 万元。西部大开发以来，甘肃省高速公路建设不断加速，从 1998 年开始，先后有 13 条高速公路开工。

2003年1月,白银至兰州等4条高速公路同时建成通车,全省高速公路从13.15km“延长”到了365km,以兰州为中心的高速公路网初步形成,高速公路建设实现了跨越式发展;2004年11月,甘肃省第一条省际高速公路兰州至海石湾高速公路通车运营,兰海高速公路全长100.36km,连通甘肃省与青海省;2004年底,古永、永山、山临三条高速公路联网运行,形成了干线公路西部路网。至2007年底,西部路网先后通车临泽至清水、清水至嘉峪关、嘉峪关至玉门三条高速公路,西部路网全部高速化,总里程达到761.5km;截止2008年1月甘肃省联网高等级公路共17条,总里程为1 625.79km,高速公路里程1 280.9km,两条省际高速公路兰州至海石湾、刘寨柯至白银分别连通青海、宁夏。

第二节 高等级公路收费培训的意义

一、收费工作的重要性和社会作用

1.收费工作的重要性

车辆通行费是公路收费机构凭借国家赋予的权力,按政策规定向过往车辆征收的公路规费,是广大劳动人民为社会创造积累的一部分,它取之于车,用之于路,造福社会。通过有计划的安排,一方面将收取的通行费用于偿还公路建设的贷款或集资,同时又用于公路、公路桥梁和各项大型的公路交通设施的建设和养护,对改善交通条件、完善投资环境、发展国民经济都起着重要的作用。

2.收费岗位的社会作用

公路规费事业与国家经济发展共存,也是国家经济赖以发展的重要条件。收费员通过这些公路网点,默默地劳动,为人民创造、积累财富,有着重要的社会作用。

收费员的劳动,是和交通的发展紧密联系在一起的。交通作为经济的大动脉,日益蓬勃发展,给我国社会主义经济带来繁荣,其中也体现了收费员的社会价值。公路收费员行使着国家的权力,运用规费征收的法规,辛勤地征收通行费,他们既是执法者,又是理财者。

收费员是征收法规的执行者,面对的是各类机动车的车主。这就需要收费员广泛而深入地宣传征收法规,促使交费人按法规纳费。如果收费员法规观念不强，不按章收费或以粗暴的态度对待缴费人，不仅有损法规的严肃性，而且有损国家的声誉，有损国家在人们心目中的形象。

收费员是国家的理财者。他们辛勤地征收通行费，集腋成裘，为交通的发展集聚资金，一条条畅通的公路、一座座宏伟的大桥都凝聚着他们的血汗。收费员劳动的特点是默默耕耘，和钞票打交道，加速资金流通，是国家的理财者。他们的劳动成果体现在经济效益、车辆通行费收费的效益，这充分体现出收费员的社会价值。

二、收费培训的对象和目的

1. 收费培训的对象

收费业务培训主要是针对高等级公路的收费人员，包括收费员、监控员、系统管理员、警卫员、票管员、班长、站长等与收费业务密切相关的工作人员。

2. 收费培训的目的

收费培训的主要目的是为了让工作在通行费征收最前线的工作人员了解公路建设、发展状况，掌握收费公路征收车辆通行费的背景和依据，使得各岗位、各部门的收费人员了解与征收通行费有关的业务知识和流程，了解相关部门的情况，达到协同合作的目的，同时促使收费人员遵守规章制度、改善工作态度、提高业务技能、提高工作成效、提高工作质量，使收费人员能够对机电设备进行日常维护，排除简单的软、硬件故障，保证收费业务正常、有序、可靠、文明地进行。

第三节　高等级公路收费培训的内容

1. 职业道德与文明服务

该章旨在提高收费人员的职业素质，提倡文明收费，树立优良的社会形象。主要讲述了收费人员应遵循的职业道德、收费工作纪律、收费工作规程和文明服务的具体标准。

2. 收费理论与管理

该章主要内容有收费方式、收费制式，介绍 ETC(电子不停车收费)以及计重收费，说明甘肃省的联网收费情况，以及车型分类、收费标准、立项程序等。

3. 收费业务管理

该章可以作为日常收费工作的操作指南，囊括了所有工作人员的业务介绍，简述了联网收费业务和车辆通行费管理，详细描述了收费员、票管员、监控员、警卫员、系统管理员的业务及操作流程。

4. 票据管理

票据是收费工作的重要组成部分，收费人员要充分认识票据管理的重要性。该章就票据种类、票据管理职责、票务会计工作规程做了详细描述，另外还特别对《甘肃省收费公路票据管理系统》做了简单的介绍。

5. IC 卡管理

IC 卡是联网收费公路的通行券，也是收费工作不可缺少的一部分。对 IC 卡进行有效、科学、实时地管理，可以发挥联网收费的优势，防止逃费、漏费现象发生。该章包括 IC 卡的种类、IC 卡的发放、回收、调拨及特殊 IC 卡的处理。

6. 高速公路交通管理

主要介绍高速公路主体、安全、服务设施以及交通管理基本理论、交通控制方式及管理等内容。

7. 高速公路交通安全管理

介绍高速公路事故诱因分析和高速公路事故处理。

8. 机电系统故障诊断

该章对培训对象的要求比较高，主要对维护人员、系统管理员介绍机电系统的四大部分：收费系统、监控系统、通信系统和电源系统。通过介绍各系统的设备及其功能，使得收费人员更加理解、熟悉收费工作，同时掌握一些基本技能，能够排除系统的一些小故障。

9. 机电设备维护制度

该章侧重机电设备维护制度方面，主要内容有：维护体制、基本维护制度、维护周期、考核与奖惩。

10. 收费礼仪

介绍礼仪的概念、收费人员礼仪标准和服务标准等。

11. 职业道德与文明服务

重点介绍收费员职业守则和规范、收费站标准化建设，行风廉政建设及有关法律、法规条文释义。

第二章 收费管理

第一节　高等级公路收费的目的和任务

一、高等级公路收费管理的概念

高等级公路收费管理是对车辆收取通行费过程中的各项活动进行决策、计划、组织、指挥、控制。收费管理的主要项目是收费政策及规定的制订与提出，费率标准的测算，收费方式的选择，收费站点的设置与人员配备，收费票证的监制印刷、保管、存储与发放使用，收款及费款上缴，票据稽查、日常收费业务的稽查与考核及收费过程中的文明服务等。

二、高等级公路收费目的

“贷款修路、收费还贷”。建设高等级公路需要大量的建设资金，在国家投资有限情况下，向银行贷款融资成为筹集高等级公路建设资金必由之路。在高等级公路建成后，对行驶在其上的车辆收取通行费，用以偿还建路贷款，维持道路养护管理费用支出，进一步加快高等级公路建设，这是近些年来大多数国家发展高速公路的通行做法，亦是得到国家明确认可的行为。

三、高等级公路收费的依据

1. 收费公路的法律依据

1997 年颁布实施的《中华人民共和国公路法》（以下简称《公路法》），明确地规定了车辆通行费征收的范围、收费期限、收费标准和收费站点设置等问题，使车辆通行费的征收有法可依、有法可循。

2. 收费公路的政策依据

在《公路法》颁布实施前后，国务院和各省、自治区和直辖市为进

一步规范收费公路的建设和细化管理，出台了一系列的规定和条例。如1988年国务院颁布《公路管理条例实施细则》；交通部、财政部和国家物价(1988)28号《关于发布修建高等级公路和大型公路桥梁、隧道收取车辆通行费规定的通知》等，为收费公路提供了大量明确细致的政策依据。

2004年11月1日国务院颁布实施的《收费公路管理条例》为全国公路收费提供了法规依据。

全国多个省份的人大出台了各省的高速(高等级)公路管理条例，以地方法规的形式进一步规范了各地的公路收费工作。

四、高等级公路收费管理的主要任务

第一，贯彻执行国家关于征收通行费的规定，科学地组织收费工作，在保证高等级公路正常营运秩序的同时，完成与争取超额完成收费目标。

第二，充分发挥所征收资金的作用，将其所收资金主要用作偿还公路建设投资贷款本息，维持道路设施养护、管理正常费用支出，为充分发挥高等级公路高速、高效、安全、畅通、舒适的功能及完善高等级公路路网状况提供资金保证。

五、管理体制

目前，我国已经运行的高等级公路管理体制有多种形式，各种形式之间又有很多交叉与相容的部分。

按隶属关系分集中统管型、专线管理型；

按管理内容分建管一体型、专门管理型；

按核算方式分事业管理型、企业经营型、事业单位企业化管理型。

为创新高等级公路运营管理体制，按照“集中、统一、高效”的原则，甘肃省高等级公路运营管理中心职能为负责“全省高等级公路收费管理、通信监控、交通服务、养护监督、路政协调、服务区及高速公路沿线广告资产、行业管理和职工队伍管理工作”。同时组建了酒泉、武威、兰州、定西、平凉5个高速公路管理处作为中心的派出机构，负责对其管辖的全省17个高速公路收费管理所、84个收费站、5个隧道管理站履行管理、监督、检查、指导、协调的职责。截止2008年，甘肃省

高等级公路各类管理及收费人员近3 200人。

第二节 收费方式

一、收费方式

在通行费的收取过程中，涉及车型的分类、通行券、通行费的计算、付款方式和停车或不停车收费等因素。每种因素又有不同形式，不同的形式组合成不同的收费方式。

根据收费员参与收费过程的多少，收费方式可分为：人工收费、半自动收费、全自动收费等方式；从用户（驾驶员）的角度来分，可分为：停车和不停车收费方式。

人工收费方式是指收费过程全部由人工完成的方式，即人工判定车型，人工套用收费标准，人工收钱、找零、给发票，或人工收取次数票。

半自动收费方式是指收费过程是由人和机器共同完成的方式，它通过使用计算机、电子收费设备、交通控制和显示设施代替人工操作的一部分工作。

全自动收费方式是指收取车辆通行费的全过程均由机器完成，操作人员不直接介入，只需对设备进行管理监督以及处理特别事件。全自动收费方式一般指不停车收费（ETC）。

二、收费制式

收费制式是指收取道路通行费的位置。目前世界各国常采用的制式可分为全线均等收费制（简称均一式）、按路段均等收费制（简称开放式）和按互通立交区段收费制（简称封闭式）三种。

均一式是最简单的一种收费制式，收费站一般设置在高等级公路的各个匝道入（或出）口和主线两端入（或出）口，用路者不论行驶里程多少，仅需经过一个收费站缴费。

开放式是将收费站建立在高等级公路主线上，一般间隔50km以上设置一个收费站，车辆每经过收费站一次缴费一次，各个匝道出入口不再设收费站，车辆可以自由出入，不受控制，高速公路对外呈“开

放”状态。

封闭式是将收费站建在高等级公路的所有出入口处，高速公路对外呈“封闭”状态。

甘肃省高等级公路联网收费路段采用封闭式收费，收费方式采用“人工判别车型、人工收费、检测器核对、闭路电视监视、计算机管理”的半自动收费方式，通行券采用非接触式 IC 卡，通行费收取目前为现金、预付卡两种方式。

三、ETC

ETC(Electronic Toll Collection)是不停车收费的简称，它是指利用电子技术、计算机与通信技术，使驾驶员不需停在收费站付费而直接通行，以缓解因收费而造成的堵塞，实现“快速、畅通”。收取通行费的全过程均由机器完成，收费人员不需直接介入，只需对设备进行管理监督以及处理特别事件。ETC 不停车收费是收费方式的发展方向。

不停车收费的基本原理是：用户首先在指定的地点交纳一定数额的预交金，并将预付金额信息存储在一张车载电子标签上。装有车载电子标签的车辆经过收费站时，电子标签发射出信号，安装在收费站的接收装置通过无线通信系统读取车载电子标签中的信息、检验车载电子标签的有效性和计算通行费，并进行记录，同时将信息传给收费中心管理计算机，收费中心管理计算机将车辆资料进行更新、登记，并从预交金中扣除该次通行的通行费。

第三节 联网收费

一、联网收费的概念

高速公路联网收费，就是在某一区域的高速公路路网内，主线不设收费站，只在匝道设收费站，道路使用者只需在入口领卡(停一次车)、出口交费(停一次车)，就可以到达路网内的任一目的地。

二、联网收费的目的

“贷款修路、收费还贷”是国家为加快公路建设发展做出的一项重要决策。这项政策实施以来,极大地促进了全国的公路交通建设,公路通车里程不断增加,路网格局基本形成。但由于公路项目的投资主体多元化,特别是高速公路"一路一业主、建管一体化"的管理体制,导致各高速公路实行独立收费,相邻路段连接处都设有主线收费站,造成主线收费站过密。随着高速公路网的形成,各路段独立收费带来了许多问题,表现在以下方面:

(1)主线收费站过多过密,制约高速公路通行能力的充分发挥。

(2)收费设施及收费技术互不兼容,增加建设和营运成本。

(3)收费方式、标准等不统一,收费系统不能互联互通,资源得不到有效整合。

(4)重复建设收费广场和设施,造成投资浪费和运营成本增加,降低了经济效益。

(5)停车次数增多,影响环境质量等。

这些问题的存在,影响了公路服务水平的高效发挥,与高速公路高速、快捷的形象不相符,造成了一些负面影响。如何切实有效地解决这个问题也是公路主管部门近年来一直致力研究的工作之一,由此高速公路联网收费的概念也就应运而生,并逐步被认为是收费性高速公路管理发展的一种必然趋势。

三、联网收费相关的规定和技术要求

(1)高速公路应首先实现省(自治区、直辖市)内联网收费,逐步实现省(自治区、直辖市)际间的联网,为全国联网收费电子货币化做好基础工作。

(2)同一条收费高速公路由不同的交通主管部门组织修建或者由不同的公路经营企业投资建设或经营的,应当实行"统一收费、按比例分成"的管理方式。

(3)各省(自治区、直辖市)在实施高速公路联网收费时,应按照"统一规划、一次设计、分期实施、逐步联网"的方针,在不断总结和积累高速公路联网收费经验的基础上,逐步扩大联网收费的规模与范围。

(4)各省(自治区、直辖市)交通主管部门应结合本地实际,制订本省(自治区、直辖市)高速公路联网收费的总体规划;统一高速公路联网收费管理模式、系统技术标准和收费业务流程;制订高速公路联

网收费的管理规章等。

(5)高速公路联网收费应结合当地高速公路管理体制，设置收费结算中心，按照“准确、公正、高效”的要求，对各收费单位收取的通行费进行拆分和清算。

(6)各省(自治区、直辖市)高速公路联网收费结算中心应预留预付卡(储值卡、记账卡)和电子不停车收费的结算功能，以防止和避免重复建设。

(7)高速公路联网收费制式一般采用封闭式。收费站的设置应符合国家有关规定。

(8)在全国统一的车型分类标准尚未实施之前，各省(自治区、直辖市)应首先确定本省区域内统一的车型分类标准。

(9)联网收费区域内的收费结算中心应根据省级人民政府交通主管部门与物价主管部门批准的收费标准，统一制定费率。

(10)收费方式一般采用人工半自动收费，即“人工收费、计算机管理、检测器校核”。电子不停车收费是收费技术的发展方向，有条件的省(自治区、直辖市)可逐步予以发展。

(11)人工半自动收费的付款方式在以现金为主的基础上，积极推行预付卡(储值卡和记账卡)、一卡通和一卡多用的付款方式，以减少现金收费比例，为用户提供方便。预付卡或电子标签卡(电子不停车收费用)的发行和使用应具备通用性。

(12)同一联网收费区域内应采用相同类型和数据格式的通行券(卡)。一般条件下宜选择多次重复使用的非接触式 IC 卡、一次性使用的纸质磁性券或一次性使用的纸质二维条形码券。

四、甘肃省高等级公路联网收费概述

自 2002 年起，甘肃省高等级公路运营管理中心先后组织实施了九次联网收费工作，目前全省联网收费路段 16 条，总里程达 1 389km，占中心管辖总里程的 74.7%。2004 年 12 月，古永(古浪至永昌)、永山(永昌至山丹)、山临(山丹至临泽)联网收费，形成了全省的西部路网，2004 年和 2005 年甘肃省兰海高速公路、刘白高速公路分别实现了与青海省、宁夏回族自治区省际连接贯通。截至目前，甘肃省联网收费路段共 17 条，总里程 1 625km，高速公路 1 316km，二级公路 344km。

第四节 计 重 收 费

一、计重收费的概念

计重收费是指借助动态称重设备，根据计重质量及一定收费标准确定公路通行费收费额的一种通行费征收方式。

计重收费仅对各类载货汽车实行，客车仍然按照现行车型分类标准收取车辆通行费。

二、计重收费系统设备构成

计重收费系统一般由动态称重秤台、红外光幕车辆分离器、线圈收尾识别器、数据采集处理器、轴型轮胎识别器和计算机系统六部分构成。

三、计重收费的目的

实施计重收费的目的是调整和完善现有货运车辆通行费征收方式，建立公平、合理、科学的车辆通行费征收方式，并通过经济手段消除超限超载运输的利益驱动，从而治理车辆超限超载，保护公路、桥梁，保障交通安全畅通，同时有利于促进货运市场秩序的规范，有利于引导市场走出低运价、高超限的恶性循环，有利于优化货运车辆结构，促进多轴大型车辆的发展。

四、计重收费的优越性

首先，计重收费是将车辆总质量作为基础参数，综合考虑车辆对公路的使用和破坏因素，对货运车辆按照实际测量的车货总质量收取车辆通行费。车辆的通行费支出与对公路的磨损程度成正比，真正体现“多用路者多交钱、少用路者少交钱”的公平合理原则。

其次，计重收费是按实载收费，消除了超限超载运输的利益驱动，将使超限超载运输者无利可图，守法运输业户的利益得到有效保护。同时，建立行政手段与经济手段相结合的治超长效机制。

最后，计重收费有利于汽车技术和汽车工业的健康发展。实施按

实载收费，各类超载车辆特别是“大吨小标”车，将不再有存在的市场，有效地解决“大吨小标”的问题；同时随着超限运输的减少和货运车辆需求量的增加，货运车辆的保有量将大大增加，有利于国民经济的发展和社会的稳定。

五、实施计重收费应遵循的原则

1. 公平合理原则

计重收费综合考虑车辆对公路的使用和破坏因素，对行驶收费公路的载货类机动车，按照实际测量的车货总重量收取车辆通行费，使车辆的通行费支出与其对公路的磨损程度成正比关系，真正体现“多用路者多交钱、少用路者少交钱”，体现车辆在交纳通行费上的公平合理。

2. 鼓励运输业户合法装载原则

实行计重收费要充分体现鼓励合法运输、打击超限超载运输的目的。要使守法的道路运输经营者的运输总成本不增加并有所降低，并通过加重收取超限超载运输车辆的通行费，补偿其对公路的损害。

3. 引导发展原则

通过车辆通行费征收方式的调整和优化，利用经济杠杆，对国家鼓励发展的推荐车型和多轴大型车辆给予适当的通行费优惠，用政策引导货运车辆发展，优化货运车辆结构。

4. 渐进试行、稳步推行原则

计重收费采取循序渐进、逐步调整加大收费调节系数方式进行。

六、计重收费的计费标准

按照原交通部《关于收费公路试行计重收费的指导意见》（交公路发［2005］492 号）和 G1589 国标的规定，在采取计重收费的公路上行驶的货车，其车货总重如超过以下标准，则被视为已超过公路承载能力：低速货车（四轮且最高设计车速小于 70km）4.5t；二轴货车 17t；三轴货车 25t；四轴货车 35t（空气悬架、轴距≥1880mm 为 17t）；五轴货车 43t；六轴及六轴以上货车 49t。

1. 正常载货车辆收费标准

“正常载货车辆”即正常装载不超过公路承载能力的合法运输车

辆(以下简称“正常车辆”),遵循适当合理的降低正常车辆通行费征收的原则,具体收费标准为:

根据实际车货总质量,小于20t的车辆按基本费率计重收取车辆通行费;20~40t的车辆其费率从基本费率线性递减到50%收取车辆通行费;大于40t的按基本费率50%计重收取车辆通行费。

2. 超过公路承载能力载货车辆收费标准

依据原交通部指导意见中对超过公路承载能力的运输车辆,要科学合理地确定收费系数,逐步提高车辆通行费收费标准,以体现其对过度使用公路的合理补偿的原则,甘肃省实施计重收费的高速公路对于超出公路承载能力的车辆执行相同的通行费加收递增系数。具体收费标准为:

(1)车辆车货总重超过公路承载能力认定标准30%以内(含30%)的车辆,按正常车辆基本费率计重收取车辆通行费。

(2)车辆车货总重超过公路承载能力认定标准30%~100%(含30%)的车辆,该车车货总重中符合公路承载能力认定标准的重量部分以及超出公路承载能力认定标准30%的重量部分,按正常车辆基本费率收取车辆通行费;超出公路承载能力认定标准30%以上重量部分,按基本费率3倍线性递增至6倍计重收取车辆通行费。

(3)车辆车货总重超过公路承载能力认定标准100%以上的车辆,该车车货总重中符合公路承载能力认定标准的重量部分以及超出公路承载能力认定标准30%的重量部分,按正常车辆基本费率收取车辆通行费;超出公路承载能力认定标准30%~100%的重量部分,按基本费率3倍线性递增至6倍计重收取车辆通行费;超出公路承载能力认定标准100%的重量部分,按基本费率的6倍计重收取车辆通行费。

第五节 收费立项与审批

一、收费立项

1. 收费立项的涵义

收费公路的设立必须经过依法审批。公路建成后是否可以征收通行经费,必须进行收费项目立项性审批。

2. 收费公路收费立项的条件

县级以上地方人民政府交通主管部门利用贷款或者向企业、个人有偿集资建设的公路(以下简称政府还贷公路),国内外经济组织投资建设或者依照公路法的规定受让政府还贷公路收费权的公路(以下简称经营性公路),经依法批准后,方可收取车辆通行费。

二、收费公路收费立项的审批

收费立项由省、自治区、直辖市人民政府交通主管部门会同同级财政主管部门、价格部门审核后,报本级人民政府审查批准。

第六节 车型分类和收费标准

一、车型分类

1. 车型分类的目的

统一车型分类标准的目的是为规范机动车辆车型分类,解决由于车型分类不统一带来的车辆通行费标准差异大、车主反映强烈等问题,为收费公路联网收费创造条件。

2. 车型分类的原则

(1)公平合理性原则。

车辆分类的主要目标就是要保证公平合理地征收通行费以及吸引交通量。理论上讲,征收通行费应反映出不同车辆对道路的使用和破坏情况,也要考虑收费道路的车型比例构成、车辆分类检测手段、车辆对道路的占有情况和车辆的运营效益。

(2)简单明确性原则。

在尽可能按公平合理的原则进行车辆分类的同时,还要考虑到车型判别的简明性(适用于人工判别或自动或不停车收费的机器自动判别),以保证处理速度和判断准确性,从而保证系统的高效和杜绝错收、漏收。

3. 车型分类标准

甘肃省车型分类标准见表2-1。

甘肃省车型分类标准　　表 2-1

车型	客车	货车
1	小型客车:6 座以下(包括 6 座)	
2	中型客车:6 座以上至 20 座(包括 20 座)	小型货车:2t 以下(包括 2t)
3	大型客车:20 座以上至 50 座(包括 50 座)	中型货车:2t 以上至 5t(包括 5t)
4	大型客车:50 座以上	重型货车:5t 以上至 10t(包括 10t)
5		重型货车:10t 以上至 20t(包括 20t)
6		特型货车:20t 以上

二、收费标准

1. 收费标准审批

车辆通行费的收费标准,应当依照有关法规、行政法规的规定进行听证,并按照规定程序审查批准。

政府还贷公路的收费标准,由省、自治区、直辖市人民政府交通主管部门会同同级价格主管部门、财政部门审核后,报本级人民政府审查批准。

经营性公路的收费标准,由省、自治区、直辖市人民政府交通主管部门会同同级价格主管部门审核后,报本级人民政府审查批准。

2. 确定收费标准的因素

车辆通行费的收费标准,应当根据公路技术等级、投资总额、当地物价指数、偿还贷款或者有偿集资款的期限和收回投资的期限以及交通量等因素计算确定。对在国家规定的绿色通道上运输鲜活农产品的车辆,可适当降低车辆通行费的收费标准或者免交车辆通行费。

修建与收费公路经营管理无关的设施、超标准修建的收费公路经营管理设施和服务设施,其费用不得作为确定收费标准的因素。

3. 收费标准

高等级公路收费标准按建设项目由省级物价主管部门核定,各省市区的收费标准不尽相同。部分省的收费标准见表 2-2、表 2-3、表 2-4、表 2-5。

甘肃省现行收费标准 表2-2

车　型	收费标准
1	0.35 元/车·km
2	0.55 元/车·km
3	0.80 元/车·km
4	1.25 元/车·km
5	1.60 元/车·km
6	2.00 元/车·km

江西省现行收费标准 表2-3

车　型	车型及规格		收费标准
	货车	客车	
1	≤2t	≤7 座	0.40 元/车·km
2	2.1～5t	8～19 座	0.80 元/车·km
3	5.1～10t	20～39 座	1.15 元/车·km
4	10.1～15t	≥40 座	1.50 元/车·km
5	15.1～20t		1.85 元/车·km
6	≥20t		2.10 元/车·km

青海省现行收费标准 表2-4

车　型	车型及规格		收费标准
	客车	货车	
1	≤7 座	≤2t	0.45 元/车·km
2	8～19 座	2t～5t	0.60 元/车·km
3	20～39 座	5.1t～10t	0.90 元/车·km
4	≥40 座	10.1t～15t 20ft 集装箱车	1.00 元/车·km
5		>15t 40ft 集装箱车	1.20 元/车·km

江苏省现行收费标准　　表2-5

车型	车型及规格		收费标准	
	客车	货车	客车	货车
1	≤7座	≤2t	0.45元/车·km	0.68元/车·km
2	8~19座	2~5t(含5t)	0.68元/车·km	0.90元/车·km
3	20~39座	5~10t(含10t)	0.90元/车·km	1.13元/车·km
4	≥40座	10~15t(含15t) 20ft集装箱车	0.90元/车·km	1.35元/车·km
5		>15t 40ft集装箱车		1.58元/车·km

近几年,随着计重收费方式的实施,各省区市又相继出台了计重收费标准。计重收费标准一般以基本费率为基数,以实际车货总重及行驶里程为依据,结合超限超载的规定及多轴大型货车的优惠政策确定收费额。

第三章 收费业务管理

第一节 收费业务

一、收费业务简述

自1998年起，甘肃省紧紧抓住国家对公路建设投资逐渐增加和西部大开发战略的有利机遇，六年多来加速建设高等级公路，同时，与高等级公路建设同步进行着高等级公路的信息化建设，积极推进联网收费，不断完善机电系统及维护体制，建立、健全运营管理制度，吸收经验，创立特色，形成了一套适合本省的高等级公路运营管理体系。甘肃省在联网收费前期就制定了联网收费总体纲要，由甘肃省交通厅牵头，从第一条高速公路建成通车就实行封闭式IC卡联网收费，并本着“建成一条，联网一条”的原则，分步实施，不断地扩大路网。2003年1月19日，甘肃省一次性实现了天巉（天水至巉口）、白兰（白银至兰州）、巉柳（巉口至柳沟河）以及柳忠（柳沟河至忠和）四条高速公路的联网收费，总里程365km，初步形成了以兰州为中心的中部路网；2004年12月，古永（古浪至永昌）、永山（永昌至山丹）、山临（山丹至临泽）联网收费，形成了甘肃省的西部路网，同时西部路网与中部路网实现了联通，数据、图像可以实时上传至兰州总中心。截至目前，甘肃省联网收费路段共17条，总里程1 625.78km，其中高速公路1 280.9km，二级公路344.88km。

如此大的路网规模，需要一个功能强大、稳定可靠的收费系统来支撑。甘肃省联网收费路段采用“人工判别车型、人工收费、检测器核对、闭路电视监视、计算机管理”的半自动收费方式，使得全省的联网路段车辆通行费征收工作高效、有序、严密、准确。涉及与收费相关的业务都是以计算机处理为基础完成的，收费系统软件是按照《甘肃省干线公路网联网收费总体规划》的要求，分车道、站、分中心、总中心分别设计，能满足各部门的工作需要。该收费系统强化了业务处理的流程化、规范性,最大限度地控制了工作人员处理业务时的随意性。因此,收费人员应在掌握收费业务理论知识的前提下,按业务规程和要求,熟练完成在收费系统中的各种操作,才能实现通行费征收全过程。

二、收费管理主要业务

收费管理的主要业务包括以下几个方面:

(1)对通行高等级公路的车辆按有关规定进行收费。

(2)对各级收费人员工作效率和舞弊行为做出分析和处理。

(3)按班次清算、上缴收费额和票据,定期(时)汇总全线收费数据和交通流数据,编制有关报表。

(4)对收费设备进行常规维护,保证其正常运转。

(5)收费系统软件的维护。

(6)通行费征收稽查。

车辆在联网路段行驶时,实行一车一卡,在入口处领IC通行卡,出口还卡、交费、通行。IC卡不同于以往的纸制通行券,它是一张非接触式的IC卡,卡内芯片中可以存储收费站名、时间、车牌号或入口时车辆抓拍图像、车型等信息,收费员根据IC卡内记载的信息,按照高等级公路的收费标准和有关规定进行收费。写卡、读卡、计算通行费、打印票据等工作都由联网收费系统软件完成,收费员只需按照业务流程进行规范地操作。

车辆从起点至终点可能行经了多个路段,但只需要在出口交一次费,全程只有两次停车,这就是封闭式联网收费的特点。车辆在主线上可以畅通无阻,大大地提高了高等级公路的使用效率,方便了驾驶人员。

出口收取的通行费最终由省清分中心进行拆分,把通行费按各路段的里程分别拆分给车辆行驶过的路段,清分中心再将拆分结果实时下发至各收费管理所,每月(年)各收费管理所按拆分数核算年征收任务。

收取通行费的过程是一个各部门、各岗位协同合作的过程。收费员负责发卡、收费等车道操作,并将收取的通行费如数交给票务员。票务员要负责收费员上下班领票、还票和通行费的解缴等工作。从车道收费到班结一个班次的全过程都应有监控人员的监督,对于特殊车

辆和事件应有监控室的仲裁,并做好记录。

三、收费名词介绍

在联网收费系统中,收费人员在收费业务的执行过程中,必须理解、认识经常在收费系统中出现的关键名词。

1. 班次

将 1 天 24h 分为 3 个班次,每班次 8h,在收费系统中以 1、2、3 分别代表相应的班次。班次信息由省公路运营中心进行设置,并下传到各收费管理所,再由收费管理所下传到站,站级单位只能进行查询或打印。班次划分见表 3-1。

班次划分　　表 3-1

编　号	班　次	时　间
1	大夜班	0:00 ~ 8:00
2	白　班	8:00 ~ 16:00
3	小夜班	16:00 ~ 24:00

2. 车型

联网收费路段车型分为六类,分别以 1、2、3、4、5、6 为编号,车型分类信息由省公路运营中心进行设置,并下传到各收费管理所,再由收费管理所下传到收费站,站级单位只能进行查询或打印。收费员在车道上判定车型时分别以收费键盘上 1~6 的数字键进行录入。

3. 车牌

判定车牌时只需要输入车牌号的后三位。在处理临时车牌号的车辆时,系统要求在输入的临时车牌号前面显示一个大写的 L,见图 3-1。如果当前收费站使用的是第三代收费键盘,在输入车号之前按[.]键;如果当前收费站使用的是第二代收费键盘,在输入车号之前按[备用 2]键,系统会自动在三位车牌的前面显示一个大写的 L。

图 3-1　显示车牌

4. 车情

车辆情况包括普通车、军车、车队、公务车、改型车、无卡车、U 形车、合理超时车、超时车、黑名单车、坏卡车、换卡车、未复位卡车、绿色通道车。

车队:即一组连续的免费车,一般为军营车队。

U 形车:当车辆由一个收费站入口驶入高等级公路,又由该站出口出站时,该车就为 U 形车,也称为掉头车。

换卡车:两个或两个以上的车辆在行驶过程中交换 IC 通行卡,卡内信息与车辆实际情况不符,用来进行作弊。

改型车:指车辆经过出口时,收费员判定的车型与入口处收费员判定的车型不一致。

超时车:指车辆在高等级公路上行驶时间超过规定的最长行驶时间限制。

合理超时车:有合理原因造成超时的车辆,如车辆维修、住宿、事故等。

未复位卡车:同一张卡在入口处使用两次而不经过出口,该卡即提示为未复位卡;或者同一张卡在出口进行两次刷卡操作而不经过入口,也称为未复位卡。

黑名单车:持有预付卡的车辆有违规情况或预付卡挂失后,将该卡信息写入黑名单中,在车道上该卡不能再使用。通过稽查系统发现确定的逃费车辆也属于黑名单车。

5. 费率表

费率表是收费系统很重要的系统信息,是收费的依据,它是指收费系统中对应每种车型经过联网收费路段任两个收费站时应缴通行费的金额,包括各种车情的车辆如何收费,都在费率表中明确规定。也就是说,在任何情况下,任何车辆该收取多少金额的通行费都能在费率表中找到答案。费率表在收费系统启用时就设置完成了,联网收费路段的费率表由省公路运营中心统一设定、下发,其他用户不能更改。

6. 角色权限

角色权限指收费业务过程中所有涉及到的角色以及每个角色所具有的权限,即每个岗位上的人员能做什么职能范围内的事。角色权限由省公路运营中心统一设置,并下传到各收费所,再由收费所下传到收费站。站级单位只能进行查询或打印,不能修改。收费管理软件

中[角色权限信息管理]窗口见图 3-2。

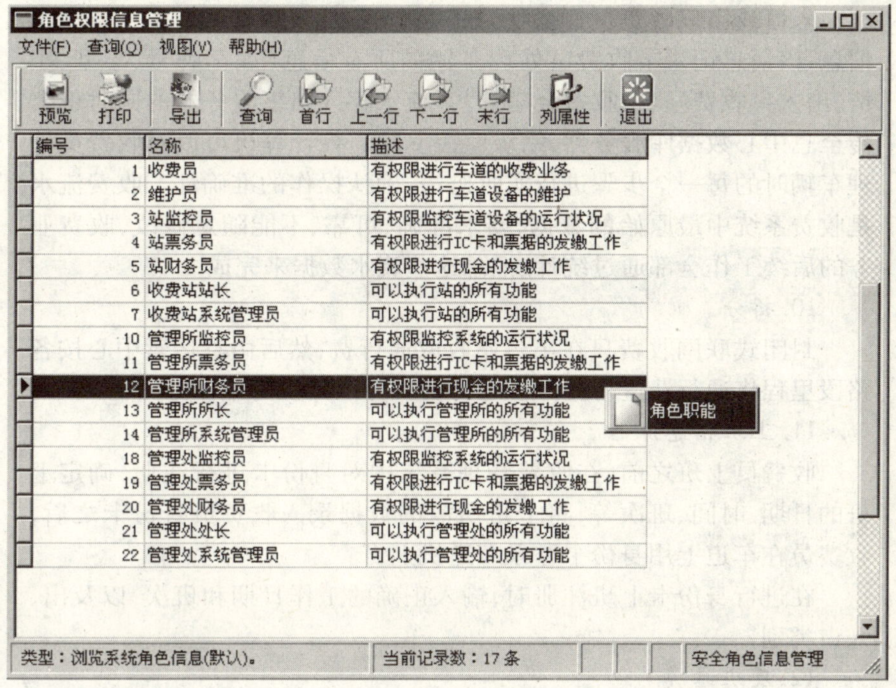

编号	名称	描述
1	收费员	有权限进行车道的收费业务
2	維护员	有权限进行车道设备的維护
3	站监控员	有权限监控车道设备的运行状况
4	站票务员	有权限进行IC卡和票据的发缴工作
5	站财务员	有权限进行现金的发缴工作
6	收费站站长	可以执行站的所有功能
7	收费站系统管理员	可以执行站的所有功能
10	管理所监控员	有权限监控系统的运行状况
11	管理所票务员	有权限进行IC卡和票据的发缴工作
12	管理所财务员	有权限进行现金的发缴工作
13	管理所所长	可以执行管理所的所有功能
14	管理所系统管理员	可以执行管理所的所有功能
18	管理处监控员	有权限监控系统的运行状况
19	管理处票务员	有权限进行IC卡和票据的发缴工作
20	管理处财务员	有权限进行现金的发缴工作
21	管理处处长	可以执行管理处的所有功能
22	管理处系统管理员	可以执行管理处的所有功能

图 3-2　角色权限信息管理

7. 用户信息

用户信息由各收费所设置，然后下发至收费站，站级单位只能查询或打印，不能修改。各收费所在收费系统启用初期向系统输入所有人员的信息，包括姓名、工号、角色权限等，当单位人员有变动时，收费所要对用户信息进行修改。

8. 身份卡

为了保证系统数据的保密性和安全性，每位用户都要制作一张代表个人身份的身份卡，用户登录收费系统要经过身份卡和密码双重验证。身份卡由运营中心发放，收费所制作。收费所先统计出需要制作身份卡的人员名单，以文件形式上报运营中心，经中心领导批准后，由发卡中心发放身份卡。发放的身份卡再由收费所进行制作。IC 身份卡丢失或损坏，由收费所在三日内向运营中心报告，并书面提出补卡申请，运营中心可重新制作补发。

9. 收费流水

入口或出口收费员每操作完一辆车，收费系统自动产生一条流水信息，该信息记录了收费员处理车辆的所有信息（如车牌号、车型、车情、出入口收费站名、收费金额等）。流水存入站级服务器的同时也上传至总中心数据库服务器，站级监控室的监控计算机可以对收费员处理车辆时的每一个步骤进行实时监控，确认操作的准确性。收费流水是收费系统中最原始的数据，要求准确、可靠、不能随意修改，收费业务的后续工作全部通过统计、汇总这些流水数据来完成。

10. 拆分

封闭式联网收费只在出口站收取通行费，然后由省运营中心按各路段里程将通行费进行拆分。通行费拆分以路段为单位。

11. 上班信息注册

收费员上班之前，在收费管理系统中对身份卡进行注册，确定上班的日期、时间、班次等，将上班所需的数据录入收费员身份卡之后，收费员在车道上用身份卡登录车道机上班。

在进行身份卡上班注册时，输入正确的工作日期和班次，以及出、入口类别。

12. 反班结

为确保收费报表数据的准确性，杜绝收费人员随意班结，系统不允许用户进行二次班次结算。如果报表反映当次班结数据有错误，系统提供了“反班结申请业务”功能，收费站申请反班结，经分中心审批通过后，收费系统清除原班结数据，收费站可以重新进行一次班结。

四、收费业务分类

根据各项业务处理的频度不同，可以将业务分为初始业务、阶段性业务、每日业务、不定时业务。

1. 初始业务

初始业务也就是一次性业务，这类业务一般在系统使用开始前处理一次，以后很少使用。例如：费率的下发，运行参数的设定，IC卡、票据上下限的设置，读写器端口的设置等。只有当原先设置的值已不适用时，才进行更改，这类数据的更改需由单位系统管理员来完成。

2. 阶段性业务

这类业务不是每天都要操作，按照业务需要，一段时间后执行一次即

可。例如:IC 卡的调拨,票据的入库、调拨,废票的上报,坏卡的上交等。

3. 每日业务

这类业务是每天都要执行的程序,例如:收费员上下班业务、班次结算、票据核销、通行卡复位、收费站交账数据录入、班次报表打印、日报表打印等。

4. 不定时业务

这类业务主要是一些特殊处理业务,例如:坏卡赔偿、设备损坏赔偿等,这类业务发生时间不确定。

五、主要工作程序

1. 上班

收费人员上班不仅人要到岗,还要通知计算机进行注册,注册成功后才能处于正常的工作状态。收费员在上班登录车道计算机时,一定要注意输入准确的工作日期、班次、机打票起始票号,若这些登录信息输入错误,虽然可以正常收费,但在班结、日结等统计报表中不能正确显示该收费员的收费结果,甚至不能核销票据,也会给统计汇总工作造成混乱。

2. 领卡

入口收费员在上班之前要领取一定数量的 IC 通行卡,用于发给进入高等级公路的车辆。这一工作同上班注册同时完成,由票务员使用收费系统中的“IC 卡领用业务”来完成。

3. 领票

出口收费员通过收费系统注册上班的同时,要领取一定数量的机打票,作为收取通行费的收费依据。这一工作由票务员使用“收费票据领用业务”来完成。

4. 预编码卡

每个收费站应预先制作好不同车型分类的预编码卡,制作预编码卡时将该站作为入口站写入 IC 卡中,当入口车道发生故障不能正常发卡时,收费员可以使用事先准备好的预编码卡进行发卡业务,见图 3-3。准备预编码卡的数量要根据各收费站车流量大小而定。

5. 发通行卡

现行的收费系统要求行驶在高等级公路收费路段的车辆(除执行

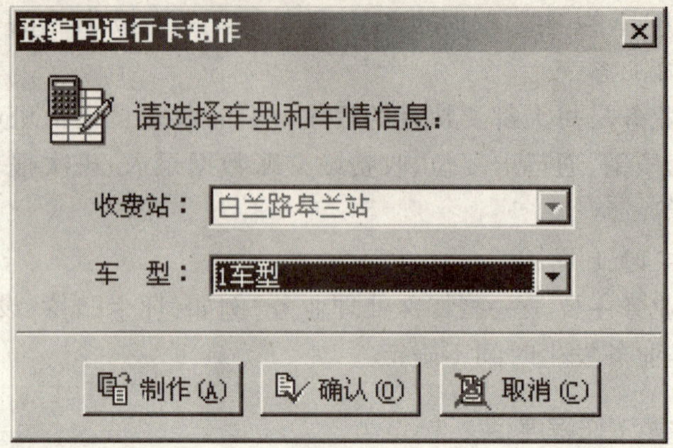

图3-3　预编码通行卡制作

特殊任务的车队),无论是普通车辆,还是符合规定免收通行费的消防车、抢险救灾车、公安部门的警备车、部队的军用车辆等,都必须持通行卡行驶,在入口处领卡,出口处验卡、收费、放行。区别在于车辆的车情不同,在出口处收费系统会根据车情自动判断该车是否收费。因此,入口收费员要准确判断并处理各种进入高等级公路的车辆,快速地将车辆信息写入IC卡中,驾驶人员领取通行卡后放行。

6. 车辆处理

车辆在入口处领一张IC通行卡,IC卡上存有入口收费站名以及该车的车型、车号、车情信息。这些数据是入口处收费员凭借自己的业务知识判断输入的,必须准确无误,作为出口收费员收取通行费的依据。若输入的数据有误,出口时该车将被判定为换卡车,在处理上造成很大的麻烦。

出口收费员同样要判定车辆的车号、车型、车情,与IC卡中读出的信息进行校验,出、入口信息完全一致时,才按正常车辆收费放行,否则该车会被判为换卡车、改型车、U形车等。

7. IC卡核销业务

入口收费员下班后要向票务核销其领用的IC通行卡,交还剩余的IC卡。票务员通过收费系统中的“通行IC卡交还业务”来完成。

8. IC卡交还业务

出口收费员在车辆驶出高等级公路时,收回驾驶人员持有的IC通行卡。下班后要将收回的IC卡如数交还给票务员,票务员通过收

费系统中的"通行 IC 卡交还业务"来完成。

9. 结交通行费业务

出口收费员下班后，将本班次所收取的通行费全数上缴至当班票务处，监控员在收费管理计算机上做班次结算时要核对系统统计金额与收费员上缴金额是否一致，不能产生短款。

10. 票据核销业务

当班的票务员在本班收费业务完成后，将确认售出的票据通过收费管理计算机核销。

11. 班次结算业务

当班所有收费员（入口及出口处）下班后，票务员将本班次所有票、卡、钱核算清楚，填写班次确认单交给当班监控员，由监控员在收费管理计算机上进行本班次的结算。在这个业务环节中，监控员与票务员相互监督、核实数据。票务员负责现金的收取、清点，监控员主要是将收费系统中统计的收费额与收费员实际上缴的通行费进行核对，确保通行费如数上缴，不能发生短款现象。

第二节　通行费管理

一、资金管理

甘肃省车辆通行费实行收支两条线管理，对收入资金要求专户专项资金管理，不得坐支、截留、挪用，做到应收不漏、应缴不留、足额解交。甘肃省交通厅在省建行营业部开设通行费汇缴总户，各收费站在就近的建行营业网点开设通行费汇缴子户，专门用于甘肃省联网收费路段车辆通行费的存储、拆分、结算和解缴等工作。各收费站一定要做好资金的保管工作，防止通行费被盗、丢失。

1. 通行费的解缴

甘肃省联网收费路段车辆通行费解缴工作实行"上门收款、每日解缴、专户管理"的原则。各收费站交款员应事先做好解缴前的准备工作，各站应配备验钞设备，提供安全的现金保管和解缴场所。

甘肃省高等级公路运营管理中心制订了《甘肃省联网收费路段车辆通行费解缴办法（试行）》，其中详细规定了通行费解缴全过程。

(1)收费员下班后将收取的通行费现金进行清点、整理,与收费站收款员办理交接手续。

(2)各收费站交款员收齐上一个收费工作日通行费后扎账,于每日 14:00 之前整理好现金,并填写现金交款单。

(3)各收费站交款员将现金连同现金交款单交给收款银行确定的收款员。

(4)银行收款员对收到的现金进行清点,对假币按有关规定处理。银行收款员与收费站交款员核对账目,双方均应在现金交款单上加盖单位公章及个人名章,严格按规定办理现金交款手续。现金交款单一式两联,一联交收费站,一联交收款银行。

(5)银行在进账的当日应按规定的格式向交款收费站交付"银行收款结账日期反馈单",各收费站根据"银行收款结账日期反馈单"进行对账。

2. 通行费的汇缴

各收费站将车辆通行费解缴至收费站通行费汇缴子户后,由运营中心每周四对通行费进行划转,将车辆通行费从收费站通行费汇缴子户汇缴到交通厅通行费汇缴总户中。

二、班、站管理

收费站是公路收费行业的最基层的组织。甘肃省高等级公路收费站实行班组管理制度,按照班次分为五班三运转,每个班组包括收费员、票务员、警卫员、监控员,人员数量根据所开车道数设定,每班设置一名班长,管理本班组日常工作。收费站将通行费征收任务分解至每班组,根据收费站考评办法,定期对班组及个人进行考核。

三、收费监控管理

1. 监控室一般管理

(1)监控室全体人员必须遵守单位各项规章制度,认真履行工作职责。

(2)严禁在监控室内聊天、看书、看报等;严禁值班人员脱岗、睡岗。

(3)监控人员在岗期间,必须按规定着制服,证件佩戴齐全,物品摆放整齐有序。

(4)严禁使用监控室对讲系统、通信系统联系与工作无直接关系的事宜。

(5)用对讲机与收费员通话或接听电话时,应使用文明用语。

(6)严格遵守作息时间和请假制度。

(7)除上级领导检查外,其他任何人员不得进入监控室;非值机人员不得顶岗。

(8)搞好室内卫生工作,做到窗明、墙净、地洁、工作台无灰尘。

(9)应制订、张贴监控室工作职责。

(10)做好各类报表、工作日志的打印、填写和上报工作,对各种记录和录像资料要妥善保管并整理归档。

(11)负责监视收费广场、收费车道的交通状况,遇重大事故和重要事件及时向站长报告。

(12)负责对收费员文明服务、工作纪律等方面的监督、考核。

2. 监控员工作职责

(1)对车道运行及收费情况实施全天 24h 监控,不得擅离职守。

(2)对收费人员上下车道时间和次数、文明服务、工作纪律、规范操作等情况进行监督,发现问题及时指出并做好记录,做到秉公办事。

(3)熟悉收费业务,尤其要掌握对特殊车辆的操作流程,对收费员的疑问要迅速、准确地进行回应,指导收费员对特殊情况的处理。

(4)认真填写值班记录,尤其要详细记录特殊事件、特殊车辆的处理过程。

(5)及时打印、呈报各种报表。

(6)按时、准确地做好班结,对长、短款情况及时向票务员反馈。

(7)及时向主管领导反映异常情况,做好指令下达工作。

(8)监控员不得在监控室计算机上进行工作以外的操作,不得安装游戏、不得听音乐,不得随意使用软盘、U 盘等外接移动设备。

3. 系统管理员工作职责

(1)定期对收费、监控、通信系统各种设备进行维护保养。

(2)配合站长做好对收费员、监控员的监督考核工作。

(3)做好监控室计算机及车道机的病毒防范工作,严格使用及保管 U 盘和可移动硬盘,确保收费系统的安全。

(4)检查督促监控人员认真做好监控记录,遇重大事件及时向主管领导、管理处(所)请示汇报。

(5)经常检查录像质量,每天查看录像资料,发现私放车辆情况要及时处理,并向主管领导汇报。

(6)对各类报表、记录、录像资料进行统一编号、登记,妥善保管。

第三节 收费业务操作流程

一、收费员

1.入口收费员操作流程(车道软件 版本V3.0)

上 班:放身份卡—【上班】键—输入密码—【确认】键;

普通车:放通行卡—输入车型—输入车牌号—【确认】键—【放行】键;

军 车:放通行卡—输入车型—输入车牌号—【确认】键—【军车】键—【放行】键;

车 队:输入车型—输入车牌号—【确认】键—【车队】键—【放行】键—【车队】键;

说 明:在处理车队时,输入的车型及车牌号是车队第一辆车的信息,车队不发通行卡。

下 班:【下班】键—输入密码—【确认】键。

2.出口收费员操作流程(车道软件 版本V3.0)

上 班:放身份卡—【上班】键—输入密码—【确认】键—核对票号—【确认】键;

普通车:输入车型—输入车牌号—放通行卡—【确认】键—【放行】键;

军 车:输入车型—输入车牌号—放通行卡—【确认】键—【军车】键—【放行】键;

车 队:输入车型—输入车牌号—【确认】键—【车队】键—【放行】键—【车队】键;

预付卡:输入车型—输入车牌号—放通行卡—【确认】键—【消费】键—取通行卡放陇原交通卡—【消费】键—【放行】键;

公务车:输入车型—输入车牌号—放通行卡—【确认】键—【公务】键—取通行卡放包缴卡—【公务】键—【放行】键;

绿色通道车:输入车型—输入车牌号—放通行卡—【确认】键—【绿色通道】键—【放行】键;

坏卡车:输入车型—输入车牌号—放通行卡—【确认】键—【卡号】键—输入卡号—【确认】键—【放行】键;

换卡车:输入车型—输入车牌号—放通行卡—【确认】键—【全程】键—确认—【放行】键;

无卡车:输入车型—输入车牌号—【确认】键—【无卡】键—【全程】键—确认—【放行】键;

U形车:输入车型—输入车牌号—放通行卡—【确认】键—【全程】键—确认—【放行】键;

超时车:输入车型—输入车牌号—放通行卡—【确认】键—【选择合理超时或超时】—【放行】键;

二次打票:操作流程不变,重新放通行卡进行操作;

下　班:【下班】键—输入密码—【确认】键。

二、特殊情况处理

1.出口车号与入口车号不符的处理

当出口收费员所输入的车号与入口收费员写入IC卡的车号不一致时,该车被判为换卡车,要收取全程通行费。这种情况容易引起纠纷,因此不要盲目确认打全程票。若确为驾驶人员换卡作弊,理当按规定处罚;若为入口收费员误操作造成的原因,应立即报告监控室,确认入口收费员责任后,仍按错误的车牌号输入,按正常费额收缴。

2.无卡车的处理

在联网路段行驶的车辆,除了执行特殊任务的车队,其余车辆都要领卡。被出口判为无卡的车辆,要收取全程通行费,还要收取IC卡工本费。

3.多余IC卡的处理

收费员发现驾驶人员有多余的IC通行卡时,应立即没收,并在下班交卡时特别说明,票务员将此类卡按特殊卡处理,进行特殊卡归还,做入库处理,此类卡要专门登记造册。

4.入口IC卡不能读写的处理

若读写器正常,IC卡不能读写,此卡按坏卡处理,收费员应立即换一张IC卡进行发卡流程,下班时将坏卡上交收费站,由收费站逐级上交运营中心。

5. 出口无法识别IC卡的处理

IC卡在出口无法识别时,该车按坏卡车处理。若IC卡有明显人为损坏时,该车要收取全程通行费,并按规定向驾驶人员收取IC卡工本费;若IC卡无损坏,此时可按卡号,输入卡号按系统提示金额收费。坏卡逐级上交至运营中心核销。

6. U形车的处理

U形车是指在同一收费站进、出的车辆,收费系统读取出的入口站和出口站相同。U形车辆要收取全程通行费。

7. 超时车的处理

超时车分合理超时和超时两种类型。判为合理超时的车辆按起讫站里程正常收费,判为超时的车辆按照《甘肃省高速公路管理条例》的规定,按60km/h车速收取通行费。

8. 改型车的处理

当出口收费员判断的车型与入口收费员写入IC卡中的车型不一致时,这辆车被判为改型车。出口收费员应先核实车辆的车号和入口站均无误后,确认车型是入口收费员判断错误。小车型改大车型由收费员决定,大车型改小车型需请示监控人员,经站长同意后再做更改。监控人员填写《改型车登记簿》,记录下每辆改型车。

9. 军车的处理

军车在入口处领一张IC通行卡,卡内除了写明入口站名、时间、车型、车号处,还注明该车车情为“军车”;出口处判断车辆确为军车后,免费放行。

10. 车队的处理

有车队进入联网路段时,省监控总中心会通知车队途经的收费站,下发放行指令,指令中会明确车队的车辆数、头车的车牌号,收费站接到监控中心指令后将车队免费放行。车队在入口站不需要领IC通行卡。

11. 陇原交通卡(电子缴费卡)的处理

陇原交通卡是为经常使用高速公路的车辆办理的一种预付费IC通行卡,是一种电子缴费卡,由运营中心统一办理,用户可以随时向卡内充值。持陇原交通卡的车辆过路时不再需要用现金交费,收费系统软件直接从卡内扣减当次通行费金额。收费员在遇到这类车辆时,

按照预付卡车辆的操作流程进行操作即可,即先读正常通行卡,再读预付卡收费。

12. 绿色通道业务

绿色通道是指为载有鲜活农产品的车辆进行优惠,按照政策半价收取或全免通行费的做法。出口收费员遇到载有鲜活农产品的车辆时应先检验农业部门发的农产品检疫证并由警卫员现场查验货物,检验合格后,记录下检疫证号和车牌号,上报监控室。检验合格符合绿色通道标准的车辆,按绿色通道车辆处理,按照政策半价收取或全免通行费。

13. 二次打票

当打印出的机打票不清晰、空白或破损,驾驶人员无法作为报销凭证时,可以进行二次打票。在二次打票时,要将该车的 IC 卡放在读写器上,系统重新读取一次车辆信息,屏幕会提示“二次打票”。收费员按正常操作流程对该车再进行一次操作,在两次(或多次)操作时,系统都会产生收费流水。

二次打票必须是对当前车辆、当前通行卡进行操作;二次打票的操作及输入信息(如:车型、车牌、车情)必须与前一次打票时的操作及输入信息相同。下班后收费员要将打废的票据交至票务员处。

14. 全程票的打印

随着联网路程不断增大,全程票价也随着增高,对一些特殊车辆收取全程费额容易引起纠纷,因此在打印全程票时要慎重处理。在收费键盘上设有“全程键”,在打印全程票之前,收费员要注意屏幕的提示,按“全程键”确认之后,才能打出一张全程票。若不打印全程票,按“更改键”可以重新操作。

第四节 收费系统简介

高等级公路联网收费系统,用于甘肃省干线公路联网收费道路的收费数据、图像资料的采集管理;甘肃省高等级公路通行费的清分与结算;收费数据的汇总、统计、分析及查询,收费系统运行参数(费率表、黑名单系统时钟等)的制订与下发,并负责联网收费所使用的非接触 IC 卡(通行卡、身份卡、预付卡,储值卡)和 ETC 系统电子标签的统一发行及管理。系统由车道收费子系统、管理子系统、清分子系统、车道监控子系统、图像管理子系统、报表管理子系统、数据传输子系统、IC卡发行管理子系统、路网模型子系统、时钟同步子系统等十个子系统构成，见图3-4。

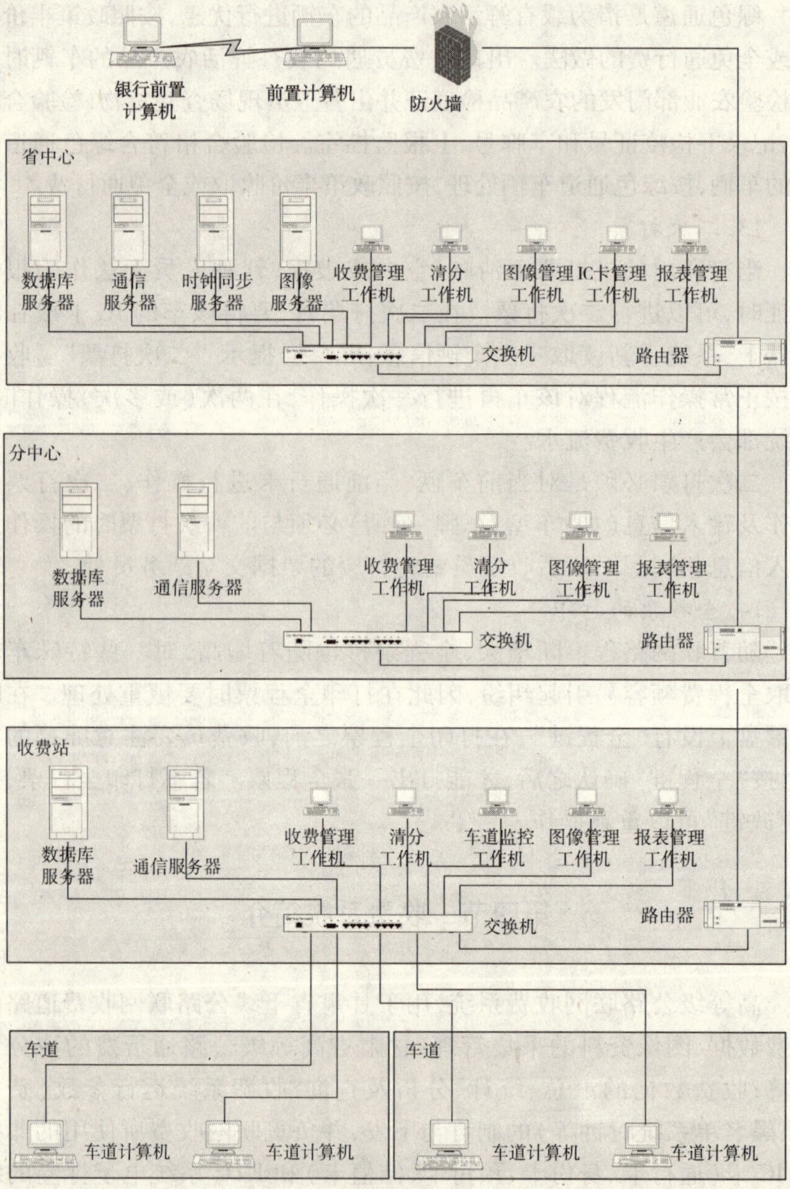

银行前置计算机
前置计算机
防火墙
省中心
数据库服务器
通信服务器
时钟同步服务器
图像服务器
收费管理工作机
清分工作机
图像管理工作机
IC卡管理工作机
报表管理工作机
交换机
路由器
分中心
数据库服务器
通信服务器
收费管理工作机
清分工作机
图像管理工作机
报表管理工作机
交换机
路由器
收费站
数据库服务器
通信服务器
收费管理工作机
清分工作机
车道监控工作机
图像管理工作机
报表管理工作机
交换机
路由器
车道
车道计算机
车道计算机
车道
车道计算机
车道计算机

图3-4 高等级公路联网收费系统

一、车道收费子系统

车道收费子系统完成封闭式收费站的入、出口车道对各类车辆的收费业务，具有车道数据采集和设备控制功能，监控收费车道流水数据、日志数据、报警数据、设备状态，满足各种特殊处理的需求。匝道收费站入口车道平均服务时间为6s，出口车道平均服务时间为14s；省界主线收费站入、出口车道平均服务时间为18s。车道子系统主要完成以下功能。

1. 车辆处理功能

完成各类车辆的IC卡发放、通行费收缴功能。

2. 设备诊断功能

测试打印机、金额显示器、字符叠加器、车道灯、栏杆机、报警器等设备状态。

3. 时钟同步功能

车道的时钟与整个系统的时钟保持一致，整个系统的时钟以总中心时钟服务器的时钟为准。

4. 车道数据拆分功能

收费数据在车道上进行实时数据拆分，并通过后台数据网关上传到站级、总中心服务器。

5. 车流量自动计数功能

车辆每经过一次车检线圈，数据库中车流量统计数据自动累加，车检计数为一个客观的校核数据，主要用于校核车辆数和收费员的发卡或收卡数，计数值只在站级显示，不在车道上进行显示，防止收费员作弊。

6. 数据导出功能

车道上收费流水数据的保存时限为40天，超过40天的数据系统自动删除。在收费员下班时，如果出现网络故障，系统提供数据导出功能，用户可将未上传的数据通过网络或者U盘导出，然后在收费站进行数据导入操作。

7. 图像自动抓拍功能

正常情况下，当抓拍线圈检测到车辆后，系统自动抓拍一张车辆图像，在此辆车收费处理完成后，通过图像文件名，将收费流水与图像进行关联。

8. 远程图像查询功能

在出口车道通过 IC 卡卡号查询入口图像，查询的结果为此张卡最近一次在入口的抓拍图像。

9. 自动更新功能

车道收费程序具有自动更新的功能，系统内所有车道都从总中心数据服务器上查询更新信息。

10. 数据自动上传下载功能

在车道有新数据产生时，数据网关自动将新数据进行上传。当站级费率、人员信息、机构信息发生变化时，数据网关自动下载新的数据到本地数据库。

二、收费管理子系统

由于收费管理系统各级（包括收费站、收费管理所、省总中心）管理对软件的功能需求上有许多相同、相似之处，因此该子系统采用统一设计开发、分级配置整合的方式，即将各级管理单位所必需的管理功能汇总分类，划分模块统一设计开发，再根据不同的管理级别、不同的工作站类别配置相关的系统功能模块，“积木式”灵活搭载组建各级收费管理子系统。这种系统构建方式不仅避免了重复设计，减少了冗余编码，更有利于后期软件的统一维护。收费管理子系统具体功能如下。

1. 系统运行基本参数管理

它包括工作站运行参数管理和路网运行参数管理，配置系统运行所需的班次信息、路网节点信息、费率、用户信息等。

2. IC 卡流通业务管理

它包括 IC 卡调拨、归还、坏卡管理、IC 卡发放流通信息。

3. 收费票据流通业务管理

它包括票据入库、票据调拨、票据核销等功能，对废票的管理及核销，是本子系统的突出功能之一，能够实现对“二次打票”产生的废票自动冲销。

4. 收费业务管理

它包括收费员业务处理、站长业务处理、收费数据管理等功能。

5. 日志管理

它可以对用户登录日志、系统事故日志、系统维护日志进行查询。

三、车道监控子系统

车道监控子系统能够配合车道程序作为一种对收费人员收费业务的监督和考核手段,对管理工作起了非常重要的作用。通过该系统可以实时查询车道设备运行状况、收费流水信息、车辆处理情况、收费员操作流程等。

四、清分子系统

清分子系统主要完成对收费金额的拆分、汇总、校核,实时获取新的收费流水,根据车型,车情,出、入口信息及其对应的拆分费率对该流水按其应缴金额进行拆分,并将拆分结果上传到省总中心。

五、图像管理子系统

该系统对各车道抓拍并传至省总中心的图像进行浏览、查询,查询信息可靠、真实,图像与入口车道数据一一对应;同时向各级提供很方便的管理功能,如图像备份、清理,并支持用户制订管理策略。其主要功能有以下几方面。

1. 收费站图像浏览

浏览车道抓拍的图像,并显示具体信息。

2. 服务器图像备份

根据用户指定的时间段及备份目录等将对应的数据备份出来。

3. 图像备份数据浏览

对备份数据包数据及其对应的图像文件进行浏览查询。

4. 过期图像及数据清除

对超过保存期限的图像进行清除。

5. 图像管理程序

制订用户图像备份、清除策略,调用备份程序、清除程序,启动或关闭图像查询服务程序。

6. 图像查询服务程序

为车道反查入口图像提供服务。

六、报表管理子系统

报表平台为用户提供一个统一的工作环境,实现各类报表的查询、统计、打印等功能。主要报表有拆分报表、汇总报表、班次报表、交通量报表、特殊事件报表、IC 智能卡报表、绿色通道报表等。

七、数据传输子系统

数据传输子系统是甘肃省高等级公路联网收费系统的一个重要组成部分,用于实现联网收费数据的可靠传输。其中车道到站级的数据传输由车道数据网关完成,数据传输系统主要负责收费站、收费管理所、总中心之间的数据传输。

八、IC 卡发行、管理子系统

它包括 IC 卡管理、发行、数据查询、系统设置等功能。

九、路网模型子系统

在联网收费系统中,费率的设定是非常关键和繁杂的工作,路网模型子系统的主要目的是辅助用户快速地设定各个路段的费率,在各个路段费率的基础上,计算产生整个路网的费率。用户可以对费率数据进行浏览查询。

十、时钟同步子系统

时钟同步子系统将通信系统上各种通信设备或计算机设备的时间信息(年月日时分秒)基于 UTC(协调世界时)时间偏差限定在足够小的范围内(如 100ms)。

第四章 票据管理

第一节 票据管理的意义和作用

一、含义

通行费票据是公路收费部门出具给缴纳通行费的单位和个人的付款部门收入的凭据，并作为证明收缴双方完成费收权利与义务的法律凭据，也是核发给车辆通行公路的合法证明。

二、种类

甘肃省高等级公路车辆通行费票据为五种：微机打印票据、定额票据（又称手工票）、月票、IC 卡赔补偿票据和电子缴费卡票据。

三、票据管理的意义

通行费票据管理是指对通行费收取过程中使用的各种通行费票据的印制、领入、发放、使用、核销、保管等全过程的管理。通行费票据是根据国家有关公路收费政策规定，由省、市、自治区财政厅或省地税局统一印制，发给通行收费部门使用的。正确地使用通行费票据，是通行费收取部门执行国家公路收费政策法规的具体体现。在通行费收取稽查过程中，票据的使用、查验、管理贯穿于收费业务的始终。它是检验应缴通行费的单位和个体车主是否按规定缴纳费款的重要标志，是整个公路收费管理的重要组成部分。票据管理中若出现问题，会给收费工作造成混乱，给国家的收入带来损失，也会损害部门或一个地区以及整个国家的信誉。因此，必须建立严格的票据管理制度，做到手续完备、安全保管、正确使用、按车开票，以维护国家法规的严肃性，保护企业和群众的正当权益。

由此可见，通行费票据管理的意义，就是通过建立严密的票证管理制度，保证票证安全完好，合理储存，正确使用，有效地堵塞票证使用过程中出现的漏洞，维护财经纪律，防止贪污盗窃，确保通行费收取工作圆满完成。

四、票据管理的作用

加强通行费票据管理，不仅是为了管好票据，也是维护财经纪律，促进整个稽征管理的需要。其主要作用有以下几点。

1. 确保票据安全无损和避免差错

按规定票据应由专人专职保管，储存票据的库房要牢固、安全，以防止票据伪造、丢失、损毁、短缺、霉烂，保证票据的完好。同时，严格票据入库验收、出库签认、发领双方当面交点的制度，防止出现差错。

2. 维护财经纪律，防止贪污费款

在票据的使用中，必须按票据的用途使用，不准互相挪用；按票据的顺序号使用，不准跳号使用；按时报送票据报表，做到收款、开票、上缴三相符。这样，不但减少了工作中的差错，也相应避免或减少挪用、贪污费款的行为发生。

3. 促进收费业务的顺利开展

票据管理是整个收费业务的重要组成部分。若票证供应不及时，质量差，势必影响收费工作的开展，因此，票据管理制度健全、印刷质量好、储存合理、发放及时，必然促进通行费业务的正常开展。

第二节　票据管理的内容

一、票据的印刷

目前各省使用的车辆通行费票据是经省交通厅、省财政厅（或地税部门）批准，由省财政厅（或地税部门）签章，指定印刷厂统一印制。各级使用车辆通行费票据必须向省交通厅、省财政厅（或地税部门）申请，不准自制、自购车辆通行费发票，否则将按违反法规查处。

二、票据的保管

（1）票据要设专人管理，入库时要验收监收，发出时要双方清点签

认。库房储存要合理，不积压、不浪费。

（2）库房要安全牢固，备有防盗、防火装备，要有防霉、防鼠咬等措施。

（3）票据应使用铁质箱、橱加固上锁存放，并用标签注明票种和数量，摆放要整齐，做到储存定位、有序，标志醒目。

（4）加强教育，提高全体职工的票证安全意识，如丢失各种票证要及时报告上级主管部门；对发现假票、回笼票或其他重大事件要立即报案，并书面报告上级主管部门，严重的应交司法部门处理。

三、票据的领用

各级收费机构要指定专人负责票据的请领、登记、发放、保管工作。采取逐级请领制，请领要有计划，避免造成积压或不足；要按票面顺序发放；登记要清楚准确，日清月结；发放要完善手续，不出差错；保管要认真负责，保证使用。各使用票据人员要严格按规定程序办理，做到不丢失，无差错，手续完备，账票相符。

四、票据的核销

收费站票据核销工作必须做到日清月结，收费员每班核销票据使用数和结存数，收费站票管员每日汇总核销收费站各班票据使用数和结存数，管理所票管员每月汇总核销各收费站票据使用数和结存数，省公路运营管理中心票务会计每月汇总核销各管理所票据使用数和结存数。

五、票据报损

因人为过失撕扯、打印内容错位、打印机卡纸等原因而无法使用的票据，或因管理不善造成异常的票据，应报损。

六、票据账务

票据的登记账和台账是在原始记录的基础上，按实际发生的业务逐笔登记而设的一种汇总、积累资料的账册，是按照原始记录编制报表的基础。

七、票证的收缴

在票据的管理中，有时会发生票证的调拨、多余票证的上缴，以及作废票证的收缴、销毁情况，对此要认真清点，编造清单，经收票据的省公路运营中心票务会计要点收签认后逐级销账，以免发生差错。对收缴且需要销毁的作废票证，要编制销毁票证清册，经上级主管部门批准后，由省地税局、上级主管部门分别下派人员共同监毁，并在销票清册上签字证明。

第三节　票据管理系统介绍

一、系统简介

公路规费票据管理系统用于完成各类票据的使用管理。该系统实现了票据入库、发出、退回、核销、销毁处理等业务的微机化过程，始终紧紧围绕票据号码进行各项业务的处理，对票据号码的实时动态审核避免了填写票据号码间断或不连续问题，有效地杜绝了票据管理中库存票据虚亏、虚盈等混乱现象的发生，为票据的统计核查提供了有利的保障。同时，加强了公路规费征收工作中票据流通的有效控制，大大减轻了票据统计工作量，提高了工作效率，能够把各级票据管理人员从票据的海洋中解放出来。

二、系统功能

(1)系统管理：主要提供对单位信息、上级单位、下级单位、票据类型等基本信息进行注册。

(2)票据入库管理：包括票据入库、票据退还的业务管理，同时提供了入库明细表、汇总表的统计分析的功能。

(3)票据发放：记录下级单位领用票据的情况及票据退回情况。

(4)票据核销：记录下级单位对票据申请核销的基本情况。

(5)报表分析：提供了本单位票据结存明细表、下级单位票据结存明细表的分析性报表。

三、系统特色

1. 良好的自结合性

票据管理系统与现有的联网收费系统能够良好地自结合,达到信息的互通和共享,一次业务的处理信息可为不同的系统使用,达到不同的目的。

2. 良好的适应性

适用多种管理模式(单级管理模式和多级管理模式)。

3. 严谨的可定义性

定义用户的操作权限,定义用户的可管理的票据类型和卡类型。

4. 完善的核算体系

微观管理和宏观管理相结合的管理办法(票据管理的一级单位按数量进行管理、票据管理的中级及下属单位按号管理)。

批次管理"先入、先出、先核"的票据核算时序发生制。票号管理按号入、出、核的管理方法。

5. 安装的便利性

快速专业的安装向导,使您安装起来更加方便。

6. 工作平台的灵活性

完全支持中、英文版 Windows 2000、Windows XP 等。

7. 强大的安全性

自动记录每一位操作员的操作事件日志,便于系统管理。

第五章　IC 卡管理

第一节　IC 卡的定义及分类

一、IC 卡的定义

IC 卡是集成电路卡（Integrated Circuit Card）的英文简称，是将具有存储、加密及数据处理等能力的一个或多个集成电路芯片镶嵌于塑料卡片中。

二、IC 卡的分类

IC 卡有以下三种分类方法。

第一种分类方法：根据卡中所镶嵌的集成电路芯片的不同，可以将 IC 卡分成两大类，分别是存储器卡和 CPU 卡（智能卡）。

存储器卡采用存储器芯片作为卡芯，只有"硬件"组成，包括数据存储器和安全逻辑控制等；智能卡采用微处理器芯片作为卡芯，由硬件和软件共同组成，属于卡上单片机系统。

第二种分类方法：若按卡上数据的读写方法来分类，有接触式 IC 卡和非接触式 IC 卡两种。

当前使用广泛的是接触式 IC 卡，其表面可以看到一个方型镀金接口，共有八个或六个镀金触点，用于与读写器接触，通过电流信号完成读写。读写操作（称为刷卡）时须将 IC 卡插入读写器，读写完毕，卡片自动弹出，或人为抽出。接触式 IC 卡刷卡相对慢，但可靠性高，多用于存储信息量大，读写操作复杂的场合。

非接触式 IC 卡具有接触式 IC 卡同样的芯片技术和特性，最大的区别在于卡上设有射频信号或红外线收发器，在一定距离内即可收发读写器的信号，因而和读写设备之间无机械接触。在接触式 IC 卡的电路基础上带有射频收发及相关电路的非接触 IC 卡被称作"射频卡"

或“RF 卡”。目前高速公路联网收费所用的通行卡都是非接触 IC 卡。

第三种分类方法:根据 IC 卡的应用领域,可以分为金融卡和非金融卡两大类。

金融信用卡是我国大力建设的金卡工程的主要媒体,由银行发行和管理。由于 IC 卡上记录了持卡人的主要信息,故不一定要求消费场所与银行联网。比起磁卡等仅记录少量数据的卡型,其具有极大的灵活性和可靠性。

金融现金卡是持卡人以现金购买的电子货币,可以多次使用,自动计费,使用方便。如水电费的交费卡、煤气费卡、就餐卡、医疗卡等。在卡上金额少于一定限额时,要重新交费才可继续使用。IC 卡被广泛应用于金融领域,主要是由于其优良的保密性,可以有效地防止伪造和窃用。

非金融卡主要是作为电子证件,用来记录持卡人的各方面信息,作为身份识别。如 IC 卡身份证、学生证、进门证、考勤卡、医疗证、住宿证等。由于 IC 卡可以记录大量信息,并且可以分区存款,因此可以做到一卡多用,简化验证的手续。

第二节 各类 IC 卡的简介及应用

一、非接触式 IC 卡

1. 非接触式 IC 卡的优点

非接触式 IC 卡又称为射频卡,它成功地将射频识别技术结合起来,解决了无源(卡中无电源)和免接触这一难题,是电子器件领域的一大突破。与目前国内高速公路收费系统中使用的一次性磁性通行券、重复使用磁卡及纸质通行券相比较,非接触式 IC 卡具有以下优点。

(1)安全性、可靠性高。

非接触式 IC 卡与读写器之间无机械接触,避免了由于接触读写而产生的各种故障。它通过了 5 倍强度的 ISO14443 的测试标准,可靠性、安全性高。

(2)操作方便、快捷。

由于它采用无源工作方式,能量、数据均通过射频传递,在无接触下操作,读写距离在 0 ~ 100mm 内,不必插拔卡,使用方便,大大提高了车辆通过收费站的速度。

(3)防冲突。

非接触式 IC 卡中有防冲突机制,能防止卡片之间出现数据干扰。

(4)加密性能好。

非接触式 IC 卡具有全球 32 位唯一序列号,它在操作前要与读写器进行三重认证,此外,卡中各个扇区都有自己的操作密码和访问条件。

(5)有多种用途。

非接触式 IC 卡内置 8KEEPROM,可一卡多用,如既可用于通行卡,又可用于身份卡、公务卡等,用户可根据不同的应用设定不同的密码和访问条件。

(6)可多次重复使用。

数据保存时间大于 10 年,重复写操作次数大于 10 万次,读操作次数不限。

(7)抗污染能力强。

卡片具有抗污染能力,分别浸泡在液面高度为 2cm 的汽油、柴油、润滑油、水的非金属容器中仍能正常操作。

2. 非接触 IC 卡的分类

非接触 IC 卡按用途分为三种类型:身份卡、通行卡和公务卡。

(1)身份卡。

身份卡是收费、监控和有关管理人员的身份识别专用 IC 卡,它由省运营管理中心统一制作发行。收费员必须持卡在车道控制器上验证身份后,才能上岗操作车道设备,而且其所有操作数据均含有其身份信息,便于各收费处(所)和运营中心统一管理。即使出现了收费员岗位流动或其他情况,也能及时通过身份卡收发、黑名单下发予以处理,进而实现人员管理的科学化。

(2)通行卡。

新采购的通行卡在省运营管理中心使用 IC 卡发行管理软件进行发行,这一操作将把生产厂商的密钥替换成全省联网收费的密钥,避免通行卡内的数据泄露。通行卡发行后,即可下发给各收费管理所进行使用。通行卡是记录车辆通行数据的专用 IC 卡,它由入口车道发

出，出口车道收回，并可循环使用，出口车道收费员依据其记录的入口信息收取车辆通行费。驶入联网收费路网入口车道的所有车辆（除省级礼宾车队外），均要领取通行卡，入口车道收费员将车型、车情、车牌号、入口收费站号、车道号、收费员工号、日期、时间等信息利用车道计算机写入通行卡内并交给驾驶员，当该车驶出路网任一出口时，出口车道的收费员根据驾驶员递交的通行卡，利用非接触式IC卡读写器将通行卡中的信息读入出口车道计算机内，并同时显示在收费员终端上，出口收费员对此车辆征收通行费。由于通行卡中有该车辆的信息，因而避免了换卡逃费现象的发生。

(3)公务卡。

公务卡是为了解决高等级公路管理车辆频繁进出收费站缴费的问题和交通公务车辆在高等级公路上快速通行问题。经省交通厅批准，符合《高等级公路通行费公务包缴卡办理规定》的车辆，由运营管理中心统一制作公务卡。公务卡分为A卡、B卡、C卡三类。公务卡由申请单位统一缴纳通行费。

A卡正面印有车辆照片，左边"甘肃省高等级公路通行费公务包缴卡A"和左下角"甘肃省高等级公路运营管理中心"，右下角为卡号，底色为红色，背面红底黑字；

B卡正面印有车辆照片，左边"甘肃省高等级公路通行费公务包缴卡B"和左下角"甘肃省高等级公路运营管理中心"，右下角为卡号，底色为黄色，背面黄底黑字；

C卡正面印有车辆照片，左边"甘肃省高等级公路通行费公务包缴卡C"和左下角"甘肃省高等级公路运营管理中心"，右下角为卡号，底色为蓝色，背面蓝底黑字。

A卡、B卡为全省高等级公路范围内通行，C卡为规定路段通行。公务卡在核定的有效期内通行，过期自动失效。

①办理公务卡的条件。

A卡、B卡，面向交通系统从事高等级公路管理的相关车辆办理，包括省交通厅相关直属单位和各高速公路管理处、各收费管理所；

C卡，面向高等级公路养护生产车辆、路政管理车辆、服务区经营管理车辆，以及经过省交通厅批准的在高速公路内具有特殊业务的临时通行的车辆。养护车辆要严格审查行驶证等证件，非养护单位的车辆一律不予办理。用于高等级公路施工的大中修车辆不予办理。

用于高等级公路抢修工程施工的车辆可办理临时包缴卡，临时包缴卡的有效期一般为3个月以内。

②办理公务卡的程序。

各高等级公路路段内的养护车辆、路政管理车辆以及服务区经营车辆办理通行费公务包缴卡时，由各单位提出申请，并填写通行费公务包缴卡审批表（需加盖单位公章），报各收费管理所进行初审；审批表、证件原件及复印件报运营管理中心监督管理部门进行审查；审查通过后，由公路运营中心领导进行审批，同时提供电子照片和行驶证复印件等车辆证明材料，由收费管理处制作发放通行费公务包缴卡。

非养护车辆、路政管理车辆以及服务区经营车辆办理通行费公务包缴卡时，经各相关单位向省公路运营中心审批后，从省运营管理中心领取通行费公务包缴卡审批表，认真填写该审批表（需加盖单位公章），并提供电子照片和行驶证原件及复印件等车辆证明材料，报收费管理处进行审查。审查通过后，提交中心领导批准，由收费管理处制作发放通行费公务包缴卡。

③公务卡管理相关规定。

持有公务卡的车辆，要遵守收费公路管理法规和制度，主动维护公路路产、路权和收费秩序，不得冲卡、故意堵塞车道和违反有关规定；公务卡采用一车一卡的形式，卡上印制车辆照片和车号，不得交换和转借使用；公务卡上车号与持卡车辆车号不符的，收费站一旦发现，有权当场收回通行费公务包缴卡，并按照普通车辆收费；对于违反收费公路管理条例的车辆，收费站有权收回公务卡，运营管理中心将取消车辆包缴资格；持卡单位或个人要妥善保管公务卡，防止丢失。如发生遗失，应在3日内到省运营管理中心申请挂失。

④公务卡操作流程。

[车型×]—输入车牌号—放通行卡—[确认]—[公务]—放公务卡—[公务]—[放行]。

二、双界面卡

1. 双界面卡的定义

双界面卡（Dual Interface Card）是指既有接触界面又有非接触界

面的 IC 卡。它的主要优势是:方便、安全、灵活、支持多应用。

2. 双界面卡的应用

目前联网收费所使用的陇原交通卡就是双界面卡。双界面卡有计账式和储值式两种,供省政府批准的符合优惠政策的有关单位使用。

第三节 IC 卡的管理

一、通行卡的发行

申请领取通行卡的单位要提前向运营中心申请制作发行通行卡,给制作发行通行卡工作留有足够的时间。领取通行卡时,申请领卡的单位均要按规定填写票据请领单。

二、通行卡的调拨

通行卡的调配按照多者上交、少者申领的原则进行,运营中心根据实际情况对各收费处(所)通行卡的差额进行调配。申请调拨的各收费处(所)应填写通行卡批量调拨单,相关人员签字后,作为通行卡调出、调入的原始凭据。通行卡的调入、调出均应在运营中心、收费管理处(所)、收费站计算机数据库做相应的拨入和拨出处理。以下收费路段不进行通行卡的调拨:兰临路、徐古路、天巉路。西部路网(含古永、永山、山临、临清、清嘉、嘉安五条高速公路)的通行卡调拨在张掖分中心进行。

三、IC 卡的补办

1. IC 卡的补办

驾驶员丢失通行卡,普通缴费车辆按路网全程收取车辆通行费,并赔偿 IC 制作成本费 50 元,免费车只赔偿 IC 卡制作成本费 50 元;享受优惠政策的车辆丢失优惠卡、公务卡、在补卡前按照普通车辆缴纳车辆通行费;IC 卡管理人员丢失 IC 卡的,由当事人按每卡 50 元赔偿成本费,并处以每卡 70 元的罚款。

身份卡丢失或损坏的,由收费管理处(所)在 3 日内向运营中心报告,并提出书面补卡申请,运营中心可重新制作补发。新增收费员需办理身份卡时,由所在收费管理处(所)向运营中心提出书面申请,运营中心审批后制作身份卡,并收取每卡50元的成本费。

2. 损坏IC卡的处理

人为因素造成通行卡损坏(表面有明显的划痕、折叠、破损、灼伤等无法使用的情况),按成本价每卡50元补偿,并收取同类车辆路网全程通行费;如果通行卡无法判断是人为或有意损坏,经查实收取车辆行使里程的车辆通行费;享受优惠政策的车辆损坏优惠卡、公务卡,在补卡前按照普通车辆缴纳车辆通行费。人为因素造成通行卡损坏(表面有明显的划痕、折叠、破损、灼伤等无法使用的情况),由当事人按每卡50元赔偿成本费,并视情节处以100~500元罚款;收费员身份卡损坏时,为了不影响收费作业,收费员向值班站长报告后,采用输入密码的形式进行日常的上、下班作业。身份卡严禁转借他人,否则每次给予当事人200元的经济处罚。造成通行费流失者,对当事人予以除名。

第四节 陇原交通卡(电子缴费卡)的管理

一、陇原交通卡的申请

陇原交通卡是一种电子缴费卡。其原则为预先将资金存入省运营中心“陇原交通卡预付费”专户,用户持卡即可在全省高等级公路使用。

普通用户办理陇原交通卡时除预存费用外,还需要与省运营中心签订不透支或透支后补交通行费的协议。

符合交通部《高速公路旅客运输管理规定》、《道路旅客运输企业经营资质管理规定》要求,具有道路运输管理机构批准客运班线的专业运输企业所属的客运车辆以及获得优惠资格的集团客户均可办理有优惠率的陇原交通卡(专业运输企业专用)。申请这类陇原交通卡必须申报的材料有:单位介绍信,车辆行驶证、营运证复印件,线路审批表,优惠卡登记表。

二、陇原交通卡的办理程序及使用范围

普通用户办理陇原交通卡时提供车辆行驶证、车辆数码照片,预

存费用并签订协议后即可办理。办理有优惠率的陇原交通卡用户应先向陇原交通卡客户服务中心提交申请材料，初审合格后 3 个工作日内交由发卡中心复核，发卡中心复核合格后在 5 个工作日内发行陇原交通卡，并交由陇原交通卡客户服务中心向客户发放。

三、陇原交通卡的优惠额度

普通用户无优惠率。有优惠率的用户其优惠额度已预设在卡内。

四、陇原交通卡的操作流程

判断【车型】—输入车牌号—放通行卡—【确认】—【预付】—取通行卡放陇原交通卡—【预付】—【放行】。

注意：对于陇原交通卡车辆的处理，大键盘上按［预付］键，小键盘上按［违章］键处理。

五、陇原交通卡的其他事宜

陇原交通卡不得透支使用，当卡内资金余额不足时，陇原交通卡客户应采取现金方式全额缴费，不得使用陇原交通卡；陇原交通卡因损坏无法读写时，车主应以现金全额缴纳通行费，并在最短时间内到陇原交通卡客户服务中心办理补换卡业务；若陇原交通卡车辆在行驶过程中发生 U 型、超时等违规行为，将按全程采用现金收费，不得使用陇原交通卡缴纳通行费；若系统提示陇原交通卡被加入黑名单，则不能使用陇原交通卡，并用通行卡读卡打票收费；陇原交通卡客户必须遵守相关收费管理规定，积极配合收费人员的工作，不得围堵车道或进行其他影响收费的行为。若发现有冲卡、闯卡、换卡或辱骂、殴打收费人员等情况，收费员可立即将其车号、卡号报省运营管理中心取消其优惠资格。

第六章　高速公路交通管理

第一节　高速公路特点及高速公路设施

一、高速公路的特点

1. 实行交通限制

在高速公路上实行交通限制主要是指对车辆和车速加以限制。高速公路专供汽车使用,不允许出现混合交通。凡非机动车或由于车速较低,可能形成危险和妨碍交通的车辆都不准使用高速公路。高速公路上对车速有严格的限制,即限制最低和最高速高度。《中华人民共和国道路交通安全法》对于进入高速的车辆限制为:"行人、非机动车、拖拉机、轮式专用机械车、铰接式客车、全挂拖斗车以及其他设计最高时速低于 70km 的机动车,不得进入高速公路。"《中华人民共和国道路交通安全法实施条例》对行车速度限制为:"高速公路应当标明车道的行驶速度,最高车速不得超过每小时 120km,最低车速不得低于每小时 60km。在高速公路上行驶的小型载客汽车最高车速不得超过每小时 120km,其他机动车不得超过每小时 100km,摩托车不得超过每小时 80km。同方向有 2 条车道的,左侧车道的最低车速为每小时 100km;同方向有 3 条以上车道的,最左侧车道的最低车速为每小时 110km,中间车道的最低车速为每小时 90km。道路限速标志标明的车速与上述车道行驶车速的规定不一致的,按照道路限速标志标明的车速行驶。"

2. 实行分隔行驶

分隔行驶包括两个方面:一是在对向车道间设中央分隔带,实行对向行车分离,从而杜绝对向撞车。调查资料表明,有中间带的四车道公路比无中间带的事故率低 45% ~65%;二是对于同一方向的车辆,至少设两个以上的车道,并用标线划分车道,使快慢车分开,以减少超车和同向车速相差过多造成的干扰。同时还在一些特殊地点设置爬坡车道,加、减速车道、集散道路、辅助车道,使一些车辆能局部

分离。

3. 严格控制出入

高速公路对进出车辆进行严格控制,以消除侧向干扰,保证高速行车。

控制车辆出入主要采用全封闭、全立交,规定车辆只能从指定的互通式立交匝道进出。对于不准车辆进出的路口,则设置分离式立交加以隔绝。立体交叉既起到消除交叉口处侧向车辆干扰的作用,又控制了车辆出入。据国外资料分析,采用立交完全控制出入的公路比一般公路的事故率和死亡率要减少60%左右。

对于人、畜的控制,主要采取高路堤、护栏、高架桥、通道、隔离设施等措施,使高速公路"封闭起来",隔绝横穿人、畜影响,以形成稳定、快速的车流。

4. 高标准的线形

高速公路的线形设计,不仅要满足汽车力学、汽车动力学的要求,还必须满足美学、交通心理学及环境保护的要求。因此高速公路的线形设计,既有较高的线形指标,又有平、纵、横三面完美的立体协调,产生完美的美学效果,达到高指标与心理安全的统一,增加了路线美感,更有利于行车安全。

5. 设置完善的交通安全及服务设施

在高速公路沿线,设有完善的交通标志、反光轮廓标、视线诱导标、标线;在较大城市市区、交通要道、立交区等处,设置有高亮度的照明;此外还有必要的护栏、隔离栅、隔音墙、防眩设施,气象检测仪,紧急电话,可变情报板等交通安全设施。此外,为满足司乘人员旅途中生理和运营的需要,高速公路沿线设有停车区、服务区等服务设施,提供加油、餐饮、休息、汽修、住宿等服务。

二、高速公路的设施

1. 高速公路主体设施

高速公路主体设施主要由中央分隔带、主车道、路肩、加速车道、减速车道、爬坡车道和立体交叉等组成。

(1)中央分隔带。

中央分隔带是高速公路中央一条长条形隔离带或绿化带,用以分隔上、下反向车道,防止车辆闯入对向车道。一般情况下中央分隔带每隔一定的距离留有开口，使用活动护栏隔离，以供巡逻车、救护车、养护作业车、处理肇事车辆等紧急情况下使用，但严禁正常行驶的车辆在此掉头。

(2)主车道。

主车道是指中央分隔带分隔的上行、下行反向车道，每个方向车道均为主车道。主车道又以标线分为两条或两条以上车道。靠近左边的车道统称称为超车道(或称内侧车道)，是供超车时使用的车道；靠右侧车道为行车道(或称外侧车道)，是供车辆行驶的车道。

(3)路肩和应急停车带。

路肩与外侧车道衔接，紧急情况时作为临时停车之用。应急停车带是当硬路肩宽度小于2.5m时，每隔一定距离设置的供故障车辆避让其他车辆、尽快驶离车道的停车平台。

(4)立体交叉。

高速公路控制车辆出入主要采用立体交叉，即立交，规定车辆只能从指定的互通式立交匝道进出。对于不准车辆进出的路口，则设置分离式立交加以隔绝。立交既起到消除平交处侧向干扰的作用，又控制了车辆的出入。

高速公路的立交分为分离式立交和互通式立交。

分离式立交是指交叉道路彼此间在交叉点及其附近无任何联络道路，交通流在各自道路上流动的一种交叉形式。在高速公路上常见的有公铁立交、人行天桥、一般道路上跨高速公路的跨线桥等。

互通式立交的道路全部采用空间处理，道路与道路之间设匝道相连。匝道的功能是处理左、右转弯交通流。

匝道是相交道路间互相连通的连接道，主要供转弯车辆行驶。

由于匝道采用比高速公路主线低的设计车速，因此车辆进入高速公路都要改变车速，所以在高速公路出入口立交附近、主线右侧增设变速车道。变速车道分为减速车道和加速车道。

加速车道是紧接立交匝道和主车道入口处最右侧的车道，供车辆驶入高速公路后加速时使用；减速车道是紧接立交匝道和主车道出口处最右侧的车道，供车辆驶离高速公路进入匝道前减速时使用。

(5)爬坡车道。

爬坡车道是在高速公路纵坡较大的路段，为保持车流的稳定性，设置专供速度较慢的载货车、大客车等使用的车道，一般设置在最外

侧。在甘肃省的兰海高速公路河口段就设置有规范的爬坡车道。

2. 高速公路交通安全设施

高速公路交通安全设施是减少和杜绝交通事故的重要设施,也是高速公路交通安全与现代化、规范化和标准化不可缺少的内容。交通安全设施主要包括交通标志、标线、可变情报板、轮廓标、防眩设施(防眩板、防眩树)、紧急电话、线形诱导标、里程碑、安全岛、护栏、分隔带、反光道钉、隔离设施(隔离栅、刺铁丝)等。

(1)交通标志。

高速公路交通标志是保证高速公路行车安全、高速、舒适、畅通的重要设施。它是依据交通法规和国家标准(《道路交通标志标线》GB 5768—1999)设置的,是交通法规的具体体现,具有严肃的法律地位,也是处理交通事故和纠纷的法律依据。高速公路上常用的交通标志分为四种,即警告标志、禁令标志、指示标志和指路标志。

①高速公路警告标志。它是警告驾驶员注意公路急弯、陡坡、落石等各种有可能影响行车安全的标志。其形状为正三角形,顶角朝上,颜色为黄底、黑边、黑图案。常见的有注意落石、村庄、注意横风、易滑标志。

②高速公路禁令标志。它是禁止或限制车辆行驶行为的标志。其形状为圆形。颜色一般为白底、红圈、红杠、黑图案,图案压杠。常见的有禁止驶入标志、收费站入口处禁止非机动车、行人、农用车通行标志、禁停、禁止超车及解除禁止超车(颜色为白底、黑圈、黑细斜杠、黑图案)、最高限速及解除最高限速、限高标志等。

③高速公路指示标志。它是指示车辆行进的标志。其形状有圆形、正方形和长方形,颜色为蓝底、白图案。常见的有最低限速、直行、右转弯、立交直行和左(右)转弯行驶标志等。

④高速公路指路标志。它是传递道路方向、地点、距离信息的标志。其形状一般为长方形或正方形,颜色为绿底、白图案。常见的有高速公路入口预告及入口标志、高速公路起终点预告及起终点标志、下一出口预告标志、出口预告及出口标志、地点方向标志、地点距离标志、收费站预告及收费站标志、紧急电话标志、紧急停车带标志、服务区预告标志、爬坡车道标志、车距确认标志、立交区分合流诱导标等。

此外,为吸引和指示人们从高速公路上前往临近的旅游区,在通往旅游景点的立交前的高速公路主线段会设置一系列旅游区标志,使旅游者能方便识别通往旅游区的方向和距离，了解旅游项目的类别。旅游区标志形状为正方形或长方形，颜色为棕底、白边、白图案。

(2)交通标线。

交通标线是标划于路面上的各种线条、箭头、文字、立面标记、突起路标所组成的交通安全设施。其功能是配合交通标志对交通进行有效的管治，并指引车辆的行驶路线，以达到交通顺畅及安全的目的。

高速公路交通标线按设置方式分为三类，即纵向标线、横向标线和其他标线。

①纵向标线。它是指沿道路行车方向设置的标线，是高速公路主体标线，有车道边缘线与车道分界线。车道边缘线，分别标划于最左侧车道左边缘和最右侧车道右边缘处，为白色实线，线宽15～20cm；车道分界线是车道之间的分界线，为白色虚线，划6m空9m，线宽10～15cm；

②横向标线。它是指与道路行车方向成角度设置的标线，有配合车距确认标志标划的距离确认线与成组设置的减速标线等。

③其他标线。它是指字符标记或其他形式的标线。此类标志主要有高速公路出入口加、减速车道标线，导向箭头，路面文字标记（限速或警示用语），紧急停车带停车位标线，收费岛标线，隧道两侧门拱的立面标记等。

(3)可变情报板。

可变情报板是以文字、数字或图形等形式，随时为驾驶员提供可更新的交通信息、气象情况及有关提示事项的设施。可变情报板按板面大小可分为大型和小型两种。大型情报板一般设置于横跨高速公路的门架式框架内，也有设置于收费站雨棚之上。小型的一般安装于路侧，为单柱式支撑。显示方式上有单行显示和多行显示两种；颜色上有单色、三色和全彩三种。近年来，可变情报板在高速公路气象发布、交通管制信息发布、安全信息公告和高速公路宣传工作等方面发挥了重要的作用，使驾驶员在进入高速公路前根据可变情报板提供的信息及时合理调整出行计划，确保高速公路安全、顺畅通行。

(4)轮廓标。

轮廓标是一种沿车道方向设置的安全标志，显示车道边缘、隧道建筑界限和线形。

由于夜间行车能见度差，特别是在弯道、岔道、桥梁和隧道等交通

事故易发段,设置具有反射装置的轮廓标,该标志在车辆灯光的照射下,在数百米远即可以看见,保障了夜间行车安全。高速公路一般路段附着于波形梁护栏板、桥梁混凝土护栏上,没有护栏的路段,也可根据需要设置柱式轮廓标;隧道内轮廓标附着于隧道两侧洞壁上。轮廓标的颜色为左黄右白。

(5)防眩设施。

为防止驾驶员受对向车辆灯光炫目,遮隔对向来车灯光,而设置在中央分隔带上的设施即为防眩设施。若分隔带很宽或分离式路基上下行车道高差大于2m,或有连续照明的路段,可以不设置。防眩设施可用防眩板或植树来实现。

(6)里程牌、百米牌。

里程牌,设在高速公路整公里处,用于指示高速公路里程的标志。国标建议设置于道路两侧,但从实际应用情况来看,设置于中央分隔带,既降低造价又减少盗损。

百米牌,每100m设在各里程牌之间的标志。一般附着于波形梁护栏或柱式轮廓标上。

高速公路的里程牌、百米牌对于在高速公路上求援、报警者的定位,以及高速公路管制路段、施工路段、事故地点等的描述起着重要作用。近年来,高速公路里程牌和百米牌屡遭破坏,尤其是设置于路侧的损毁严重,这给定位和定点带来很大的困难。针对此问题,广东、江苏等省份高速公路管理部门在护栏立柱上每隔20~50m贴上印有若干位数字的反光膜,由于间隔短、不易被破坏,求援、报警者很容易在所处位置附近找着此标记,且只需向高速公路管理部门说出标记上的数字,就能准确地定位,这不失为一种很好的方法。

3.高速公路服务设施

高速公路是全封闭、全立交,车辆在其间行驶不能随意出入,也不能随意停车。为满足驾乘人员心理、生理上的需求(休息、餐饮、入厕等)以及车辆行驶中使用性能的要求(加油、加水、维修等),尽快消除旅途疲劳,并保障交通安全,高速公路设置了服务区和停车区(简化功能的小型服务区)等服务设施。

服务区一般50km左右设置一处,有单侧服务区、双侧服务区两种。双侧服务区之间有横穿高速公路的通道或上跨高速公路的天桥相连接。服务区内的主要功能设施有停车场、公厕、加油站、汽修场、餐厅、零售便利店、问询处、休息大厅及设施、住宿房间等。停车区可以说是简化功能的小型服务区，一般只设休息室、公厕、便利店、加油站等。

高速公路服务设施与高速公路交通安全息息相关。由于高速公路线形好、全封闭、侧向干扰少，车辆可以高速行驶，驾驶员为了自身与乘客的安全，就需要不断地注意道路状况及前后车的动向，以防不测事件发生，神经总处于高度集中紧张状态，极易疲劳。若这种疲劳不断积累、加剧，加上车速高，驾驶员将对环境变化的反应变得迟钝，甚至瞌睡，这是极其危险的。再者，司乘人员都会有心理、生理上的需求，如就餐、饮水、入厕等。这就需要在途中适当的休息，以缓解或消除驾驶员的疲劳，缓解司乘人员的旅途劳顿，满足其生理需求。据国外资料表明，在高速公路上连续行车，平均以一个半小时为安全限度，超过一个半小时，会加速驾驶员的疲劳，故须停车休息。德国、法国、瑞士、日本等国都对连续驾驶 1 ~ 2h 的驾驶员进行强制休息。高速公路服务设施从功能设置上正是一位驾乘人员提供生活便利、尽快消除旅途疲劳、保障交通安全为目的的。而且服务区一般以行驶里程 50 ~ 60km 为一站，停车区间隔 15 ~ 20km 为一站；从时间概念上来说，以行驶时间 10 ~ 15 分钟为间隔，即使隔几个服务区或停车区休息，也能满足安全限度和人的一般生理承受限度，从而保证行车安全和旅客心情愉悦。

第二节　高速公路交通管理基本理论

高速公路交通管理是一个系统工程，其涉及的理论有交通工程学、道路交通心理学、系统工程理论、信息工程学等学科理论，从广义上来说这些学科的理论除系统工程学外，其他学科理论在交通工程学中都有所涉及。因此本节重点介绍交通工程学的一些基本理论和重要概念。

一、交通工程学定义及其研究内容

1. 交通工程学定义

交通工程学是一门发展中的交叉学科，它与运输工程学、道路工程学、汽车工程学、电子工程学、系统工程学、工效学、心理学和经济学

等学科密切相关，其内容包含有自然科学和社会科学的成分，且仍在不断地丰富。

在交通工程学的发展历程中，各国学者先后提出过一些不同的定义。

作为世界上成立最早的交通工程师协会——美国交通工程师协会，早期给交通工程学下的定义是：交通工程学是工程学的一个分支，它研究道路规划、几何设计、交通管理和道路网、终点站、毗邻用地与各种交通方式的关系，以便使客货运输安全、有效和方便。1983 年，在交通工程师协会的会员指南中又重新定义为：交通工程学是运输工程学的一个分支，它涉及到规划、几何设计、交通管理和道路网、终点站、毗邻用地，以及与其他交通方式的关系。

澳大利亚著名的交通工程学教授布伦敦给交通工程学下的定义是：交通工程学是关于交通和出行的量测科学，是研究交通流和交通发生的基本规律的科学。为了使人和物安全而有效地移动，把这些科学知识应用于交通系统的规划、设计和运营。

英国学者这样定义交通工程学：道路工程学中研究交通运营与控制、交通规划、线形设计的那一部分叫交通工程学。

前苏联学者给交通工程学下的定义是：交通工程学是交通过程的规律和交通对道路结构、人工构造物影响的科学。

我国《交通工程手册》给出的定义是：交通工程学是研究道路交通中人、车、路、环境之间的相互关系，探讨道路交通的规律，建立交通规划、设计、控制和管理的理论方法，以及有关设施、装备、法律和法规等，使道路更加安全、高效、快捷、舒适的一门技术学科。

根据交通工程学涉及的内容，有人将交通工程学称之为包括法规(Enforcement)、教育(Education)、工程(Engineering)、能源(Energy)和环境(Environment)的“5E”科学。

由于交通工程学的研究对象包括人(驾驶员、行人、乘客)、车(机动车与非机动车)和路(公路与城市道路)，所以也有人说交通工程学是研究人、车、路的科学。

2. 交通工程学研究的内容

交通工程学科作为运输工程学科的一个重要分支，随着社会对交通需求的增加及科学技术的进步而得到了迅速发展，学科的研究内容日趋丰富，一般来说，交通工程学的研究内容包括以下几个方面。

(1)交通特性。

为了研究某一地区的交通,首先应掌握该地区的交通特性及其发展趋势。这部分内容包括人(驾驶员和行人)、车、路以及交通流的特性。

①驾驶员和行人的交通特性。

驾驶员和行人是道路、车辆的使用者,应当从交通心理学的角度来研究驾驶员的视觉特性、反应特性、酒精对驾驶的危害性、驾驶员的驾驶适性,以及疲劳、情绪、意志、注意力等对行车的影响。另外,由于新技术的应用,目前十分重视交通环境中新的设施、设备对人们交通行为的影响。

②车辆的交通特性。

车辆拥有量:车辆拥有量是一个城市或一个地区交通状况的具体体现。研究车辆历年来的增长率、按人口平均的车辆数、车辆增长与道路增多的关系、车辆组成以及车辆拥有量的发展趋势,可为交通规划提供依据。

车辆运行特性:研究车辆的尺寸大小与质量,研究车辆的操纵特性、通行性能、加速性能、制动性能、安全可靠性、经济特性与交通效率。

③道路的交通特性。

道路是交通的基本组成部分之一。交通工程学要研究道路规划指标如何适应交通的发展,研究道路线形标准如何满足行车要求,研究线形设计如何保证交通安全,研究道路与环境如何协调。

④交通流的特性。

交通流的运行有其规律性,因此要对交通流的三个重要参数——交通量、车速、车流密度的变化规律及其相互关系进行研究,同时要研究车头时距分布和延误的变化规律。只有对交通流进行定量分析,掌握了各种特征参数的具体数据,才便于针对具体情况进行科学的交通规划、线形设计和交通管理。

(2)交通调查。

交通调查包括交通量调查、车速调查、车流密度调查、延误调查、交通起讫点调查等内容,这些是交通工程学的基本调查项目,是开展交通分析的基础。为满足什么要求而调查、如何进行调查(包括如何选取调查时间和调查地点,采用何种调查方法,如何制定调查方案)、

如何取样、如何进行数据分析,都是交通工程学要研究的问题。

(3)交通流理论。

交通流理论是研究各种不同状态的交通流特性,研究如何利用各种交通流特征参数来表达其相互关系,寻求最恰当的模型描述各种交通状态,推导表达公式,为制订交通治理方案、增建交通设施、评定交通事故提供依据。到目前为止,人们已用概率论方法、流体力学理论、跟驰理论、排队论等对交通流进行研究。

(4)道路通行能力分析技术。

它包括城市道路、一般公路、高速公路的路段通行能力(基本通行能力及实用通行能力)的分析方法,交叉口(无控制交叉口、环形交叉口、信号交叉口、立体交叉口)的通行能力分析方法,公共交通线路(常规公交线、地铁轻轨线等)通行能力及线网运输能力的分析方法,服务水平的分级及划分标准。

(5)交通规划。

它包括城市交通需求、区域综合运输需求、公路交通需求的预测方法,网络交通流的动态、静态交通流分配模型,城市道路网络、公共交通网络、公路网络的规划方法,道路交通规划的评价技术。

(6)道路交通管理技术。

它包括道路交通法规制订、交通系统管理(TSM)策略、交通需求管理(TDM)策略、交通运行组织管理、交叉口交通控制、交通干线交通控制、区域交通控制、交通管理策略的计算机模拟及定量化评价技术等。

(7)交通安全技术。

它包括交通事故发生机理、事故预防、交通安全设施的技术开发与研究。

(8)静态交通系统规划。

它包括社会车辆、公交车辆、自行车的停车交通需求预测、停车场规划与设计、停车场管理、货车货物装卸中的停车管理、公共交通线路的场站布设及停车管理等。

(9)交通系统的可持续发展规划。

它包括交通合理结构规划,交通环境污染(大气污染、噪声污染、振动等)的预测、评价及预防,交通能耗预测与评价,交通系统中的其他资源消耗预测与评价,交通系统的可持续发展保障体系等。

(10)交通工程的新理论、新方法、新技术。

交通工程是一门新学科,它随着科学技术的发展而发展,目前,交通工程的新理论、新方法、新技术主要集中在智能交通系统(ITS)方面,博现代通信技术、计算机技术、信息技术、管理技术、控制技术在交通管理中的应用,如车辆卫星导航技术、高速公路自动收费技术、自动高速公路等都是ITS的核心内容。

二、交通工程学重要概念和基本理论

1. 重要概念

(1)交通量。

交通量是描述交通流特性的三个最重要的参数之一,是指在选定的时间段内,通过道路某一地点、某一断面或某一条车道交通实体的数量。交通量分为机动车交通量、非机动车交通量和行人交通量,一般不加说明则指机动车交通量,且指来往两个方向的车辆数。

由于交通量是随时间变化的,对于不同的计量时间,有不同的表达方式,通常取某一时间段内的平均值作为该时间段内的代表交通量。平均交通量的表达式见式(6-1)。

$$\text{平均交通量} = \frac{1}{n}\sum_{i=1}^{n} Q_i \tag{6-1}$$

式中:Q_i——各规定时间段内的交通量;

n——所有规定时间段内的时间。

按平均值所取的时间段的长度计,常用的平均交通量有:年平均日交通量(AADT)、月平均日交通量(MADT)、周平均日交通量(WADT)等。

(2)行车速度。

行车速度可根据距离 s 和时间 t 的取值不同分为地点车速、行驶车速、运行车速、行程车速、临界车速和设计车速等。这里重点掌握一下地点车速和行程车速的定义。

①地点车速:车辆驶过道路某断面时的瞬时速度。因此观测时 s 取值尽可能短,通常以20~25m为宜。地点车速常用作道路设计、交通管制和规划资料。

②行程车速:又称区间车速,是车辆行驶路程与通过该路程所需的总时间(包括停车时间)之比。行程车速是一项综合性指标,用以评

价道路的通畅程度、估计行车延误情况。

(3)交通密度。

交通密度是指在单位长度车道上,某一瞬时所存在的车辆数,一般用辆/(km·车道数)表示,也可用某个行车方向或某路段单位长度上的车辆数来度量。交通密度与交通量不同,交通量表示的是车辆通过道路断面的频繁程度,而交通密度表示的是道路空间上的车辆密集程度。

在实际应用中,往往采用较容易测量的车辆的道路占用率来间接表征交通密度,车辆占用率越高,车流密度越大。它包括空间占用率和时间占用率。车流密度还可以用平均车头间距和车头时距来计算。在研究高速公路路段监控系统设计和服务水平分级等均需要交通密度资料,比如德国和美国就将交通密度作为划分高速公路服务水平的标准。

(4)行车延误。

延误是由于交通干扰以及交通管理与控制设施等因素引起的运行时间损失,以秒或分钟计。根据延误发生的原因可分为固定延误、停车延误、行驶延误、排队延误、引道延误和控制延误等。在高速公路的管理和控制中常用的有行驶延误和排队延误(反应收费站的服务水平)。

①行驶延误。车辆通过某一路段的实际时间与计算时间之差叫行驶延误。计算时间为车辆在交通不拥挤的条件下以畅行车速通过该路段的时间。

②排队延误。车辆排队时间与不拥挤条件下车辆以平均车速通过排队路段的时间差即为排队延误。排队时间是指车辆从第一次停车到越过停车线的时间。

(5)通行能力。

道路通行能力也称道路容量,是指道路的某一断面在单位时间内所能通过的最大车辆数。道路通行能力是道路的一种性能,是度量道路在指定的运行质量条件下所能承担交通的能力。当道路上的交通量接近道路的通行能力时,就会出现交通拥挤现象。这时所有车辆按同一车速列队行进,一旦发生干扰,很容易就造成交通阻塞;当道路上的交通量小于道路通行能力时,驾驶员驱车前进就有一定的自由度,有变换车速和超车的机会。

通行能力按作用性质可分为三种:基本通行能力、可能通行能力和设计通行能力。

①基本通行能力:是指在一定的时段,理想的道路、交通、控制和环境条件下,道路的一条车道或一均匀段上或一横断面上,不论服务水平如何所能通过标准车辆的最大小时流率。

②可能通行能力:是指在一定时段,在具体的道路、交通、控制及环境条件下,一条车道或一均匀段上或一横断面上,不论服务水平如何所能通过标准车辆的最大小时流率。

③设计通行能力:设计通行能力是指在一定时段,在具体的道路、交通、控制及环境条件下,一条车道或一均匀段上或横断面上,对应所选用服务水平的通行能力。

可见,基本通行能力是在理想条件下道路具有的通行能力,也称为理想通行能力;而可能通行能力则是在具体条件的约束下,道路具有的通行能力,其值通常小于基本通行能力;设计通行能力则是指在设计道路时,为保持交通流处于良好的运行状况所采用的特定设计服务水平对应的通行能力,该通行能力不是道路所能提供服务的极限。

(6)服务水平。

公路服务水平是交通流中车辆运行、驾驶员和乘客所感受的质量量度,即公路在某种交通条件下所提供运行服务的质量水平。

美国将服务水平分为 A ~ F 六级,各级服务水平一般描述摘要如下。

A 级:交通量很小,交通为自由流,使用者不受或基本不受交通流中其他车辆的影响,有非常高的自由度来选择所期望的速度进行驾驶,为驾驶员和乘客提供的舒适便利程度极高。

B 级:交通量较前增加,交通在稳定流范围内的较好部分。在交通流中,开始易受其他车辆影响,选择速度的自由度相对来说还不受影响,但驾驶自由度比 A 级稍有下降。由于其他车辆开始对少数驾驶员的驾驶行为产生影响,因此所提供的舒适和便利程度较 A 级低一些。

C 级:交通量大于 B 级,交通处在稳定流范围的中间部分,但车辆间的相互影响变得大起来,选择速度受到其他车辆的影响,驾驶时需相当留心部分其他车辆,舒适和便利程度有明显下降。

D 级:交通量又增大,交通处在稳定流范围的较差部分。速度和

驾驶自由度受到严格约束,舒适和便利程度低下。当接近这一服务水平下限时,交通量有少量增加就会在运行方面出现问题。

E级:交通量处于不稳定流范围,接近或达到该水平最大交通量时,交通量有小的增加,或交通流内部有小的扰动就将产生大的运行问题,甚至发生交通中断。此水平内所有车速降到一个低的但相对均匀的值,驾驶自由度极低,舒适和便利程度也非常低,驾驶员受到的挫折通常是大的。此服务水平下限时的最大交通量即为基本通行能力(理想条件下)或可能通行能力(具体公路)。

F级:交通处于强制流状态,车辆经常排成队,跟着前车停停走走,极不稳定。在此服务水平中,交通量与速度同时由大变小,直到零为止,而交通密度则随交通量的减少而增大。

我国公路服务水平现分为四级:一级相当于美国A、B两级,二、三级分别相当于美国的C级和D级,四级相当于美国的E、F两级。

(7)公路设计中采用的服务水平等级。

高速公路基本路段、匝道—主线连接处、交织区均采用二级服务水平。但在不得已的情况下,匝道—主线连接处、交织区可降低要求采用三级服务水平。不控制进入的汽车多车道公路路段在平原微丘区采用二级服务水平,在山岭重丘区及近郊采用三级服务水平;不控制进入的汽车双车道公路路段以及混合交通双车道公路路段采用三级服务水平。

(8)起讫点调查。

起讫点调查即OD调查(OD为Origin和Destination的首字母缩写),是将人、车、货的出行活动作为交通形成的细胞,据此来研究交通的产生与分布。OD调查可反映出交通需求与土地利用、经济活动的规律。在高速公路联网收费多路径识别时,通过OD调查可再现交通在不同路径的分布特点,从而确定不同道路之间交通量的权值。

(9)排队与排队系统。

排队单指等待服务的顾客(车辆或行人),不包括正在被服务的顾客;而排队系统既包括了等待服务的顾客,又包括了正在被服务的顾客。

2. 基本理论

交通流理论是交通工程学的基础理论,它是运用数学和物理学的定理来描述交通流特性的一门边缘科学,以分析的方法阐述交通现象及其机理，探讨人和车在单独或成列运行中的动态规律及流量、流速和密度之间的变化关系，以求在交通规划、设计和管理中达到协调和提高各种交通设施使用效果的目的。虽然交通流理论迄今还没有形成完整的体系，但就已有的研究成果，大致可归纳为四种：概率统计分布的应用；随即服务系统理论（排队论）的应用；流体力学模拟理论（波动理论）的应用；跟驰理论（动力学模拟理论）的应用。下面我们了解一下与高速公路交通控制与管理相关的理论。

(1)连续流总体特征。

交通流量、速度、密度三个参数是描述交通流基本特征的主要参数，其基本关系以式(6-2)表示。

$$Q = V \cdot K \tag{6-2}$$

式中：Q——流量，辆/h；

V——区间速度，km/h；

K——密度，辆/km。

Q、V、K 三者之间的关系式可以用三维图像来表示见图 6-1a)，为便于理解，通常将这个三维空间曲线投影到二维空间中，如图 6-1b)。

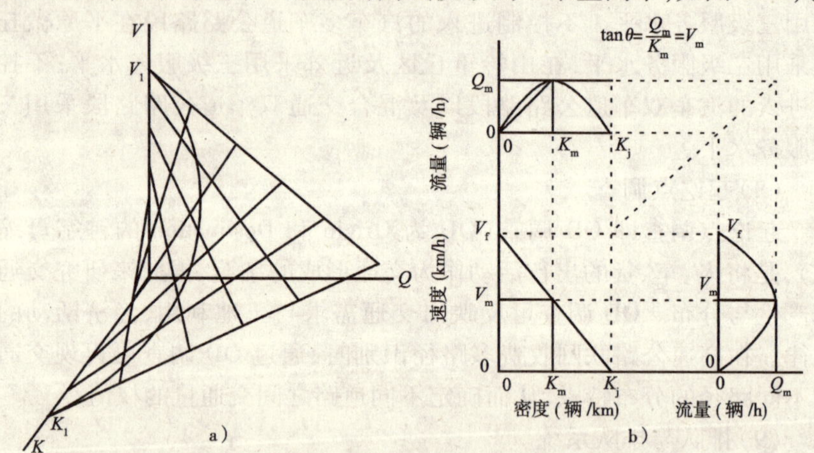

图 6-1　连续流各参数三维空间图像及二维投影图像

a) $Q = V \cdot K$ 关系图；b) Q-K、V-K、Q-V 关系图

由图 6-1 的 b) 图，我们可以找出反映交通流特性的一些特征变量：

极大流量 Q_m 就是 Q-V 曲线上的峰值；

临界速度 V_m 即流量达到极大时的速度；

最佳密度 K_m 即流量达到极大时的密度；

阻塞密度 K_j 即车流无法移动时的密度；

畅行速度 V_f 即车流密度趋于零，车辆可以畅行无阻时的平均速度。

(2)随机服务系统理论(排队论)模型。

由于高速公路的收费站、服务区的加油站都可以被看作是个排队系统，因此有必要了解一下排队论及其常用模型。

排队系统是由输入(即顾客按怎样的规律到来)、排队规则(如遇排队是等待、优先还是消失不再来)和服务方式(几个服务通道、为每一顾客服务时长)三个部分组成。一般的排队论模型用式(6-3)表示：

$$A/B/N \tag{6-3}$$

A 表示输入的规律，常见的有 M(泊松输入)、D(定长输入)、E_k(爱尔朗输入)；

B 表示服务的规律，常见的有 M(负指数分布服务)、D(定长服务)、E_k(爱尔朗服务)；

N 表示有 N 个服务台。

常用的排队论模型有 $M/M/1$(单通道服务系统)和 $M/M/N$(多通道服务系统)。排队系统的主要数量指标有等待时间、忙期和队长3个指标。

①等待时间：指从顾客到达时起至开始接受服务为止的这段时间；

②忙期：服务台连续繁忙的时间，是反映服务台工作强度的一个重要指标；

③队长：有排队顾客数与排队系统中顾客数之分，是排队系统提供的服务水平的一种衡量。

(3)流体模拟理论(波动理论)。

该理论运用流体力学的基本原理，模拟流体的连续性方程，建立车流的连续性方程，把车流密度的疏密变化比拟成水波的起伏而抽象为车流波。但车流因道路或交通状况的改变而引起密度的改变时，在车流中产生车流波的传播。通过分析车流波的传播速度，以寻求车流流量和密度、速度之间的关系。因此，该理论又可称为车流波动理论。

流体力学模拟理论是一种宏观的模型。它假定在车流中各单个车辆的行驶状态与前车完全一样,这显然是与实际不相符的。尽管如此,概率论在流的状态较为明显的场合,如在分析施工路段、事故路段、窄桥等瓶颈路段的车辆拥挤问题时,有其独特的用途。实际应用中,可根据莱特希尔和惠特汉车流波公式估计出瓶颈路段排队长度和预计的阻塞时间,为交通管制与控制决策提供参考。

第三节 高速公路交通控制与管理

一、交通控制与管理的概念和目的

(1)交通控制:即采用人工或电子技术,如信号监视、监控系统等科学方法和手段,对动态交通流实行控制。

(2)交通管理:是对道路上的车流,按照交通法规和规则、要求,合理地引导、限制和组织交通流的总称。

交通控制与管理简称交通管制,与交警部门狭义的交通管制不同。交通管制的目的是使高速公路上的运行获得最少的停车、最短的运行时间、最低的消耗、最大的交通量和最低的事故率。

二、高速公路交通管理与控制的特点

1. 具有指导性

可以指导交通流重新分配,疏散拥挤,避免事故,调整已紊乱的交通秩序,改变交通管理被动局面。

2. 具有协调性

即通过各种方法协调人、车、路、环境关系,通过各种方法使其逐步达到一致,充分发挥公路网和道路设施的作用。例如,可以通过控制出行量以协调供需总量的矛盾,控制出行时间以协调供需关系在时间轴上的不平衡。

3. 具有较强技术性

高速公路采用各种现代化通信、监控技术手段,因而具有高科技、技术密集特点。

4. 具有强制性

高速公路的交通管制多以法规、制度形式出现,具有强化管理

性质。

5. 具有教育性

各种法规和规章制度,必须广泛宣传教育,并进行必要培训、考核,以教育大家自觉执行。

6. 具有协作性

高速公路中的交通管制,是要多部门相互配合的系统工程,不可能由一个部门单独处理其中的所有问题,只能是各部门各司其职,按章执法,相互有机配合协作。

三、高速公路交通管制的内容

1. 技术方面

(1)协助设置交通工程设施,包括标志牌、标线、护栏、分隔带、安全岛、情报板等。

(2)协助设置监视、监控、通信系统,包括信息收集、传递、处理、提供。

(3)实行车辆检测。

(4)临时划定专用车道、单向行驶、渠化交通和变向交通等。

(5)事故勘查与处理。

2. 法制方面

(1)监督执行有关交通管理法规。

(2)建立和执行车辆登记、检验等管理制度。

(3)组建交通管理职能机构。

3. 宣传教育方面

(1)加强对驾驶员的安全宣传教育,按规定严格培训和考核制度。

(2)加强对交通法制、法规宣传,严格执法,使全社会共同关心重视高速公路交通管制。

四、高速公路交通控制与管理系统的组成

从世界各国高速公路交通控制与管理系统来看,无论管理体制如何不一,均大体由类似的若干个职能部门组成,一般包括总监控调度中心、交警、路政、养护、救援、救护等部门。一般典型的管理系统由四部门组成,即总监控调度中心、信息采集系统、信息提供系统和通信系统。此部分内容在高速公路机电系统中详述,在此不再赘述。

五、高速公路的交通流特征

1. 交通流特征

从交通关系上分析，高速公路交通流具有以下特征。

(1)速度—密度—流量特征。

①自由行驶状态：车速为 80～100km/h，车辆密度不得大于每公里约 25 辆，车流量不得大于每分钟 30 辆。

②不稳定状态：车速为 40～80km/h，车辆密度每公里为 25～40 辆，车流量每分钟约为 30～40 辆。

③拥挤阻塞状态：车速小于 40km/h，密度不大于每公里为 45 辆，车流量每分钟低于 30 辆。

(2)车辆跟踪特征：

当 $Q=20$ 辆/min 时，约有一半的车辆车头间距不大于 2s。

当 $Q>30$ 辆/min 时，行驶在路上 85% 的车辆处于跟踪状态。

当 $Q\geqslant40$ 辆/min 时，车辆都处于跟踪行驶状态。

2. 车道分布特征

单向双车道，平均每条车道的饱和状态流量为 1 950 辆/h，各方向为 3～4 条车道时，每车道的饱和流量为 1 750～1 850 辆/h。单向三车道时，关闭一条，通行能力下降 50%，关闭两条，通行能力仅为三车道的 31%。

3. 拥挤、阻塞

高速公路一般被视为车辆通行效率最高的一种公路。在高速公路上，车辆行驶速度较高，较为通畅，交通量也比一般道路大得多。但是，当交通需求超过通行能力时，则发生经常性阻塞、拥挤。当路上发生交通事故、车辆事故、货物掉落、不利气候条件或其他有害事件，则可引起非经常性阻塞。

在理想条件下，高速公路每车道的通行能力大约为 1 800 辆/h。当交通需求超过这一数值时，就会发展为瓶颈，而发生交通拥挤。

典型的交通拥挤现象为：行车速度低、停停走走地无规律行驶，行程时间无法预测，运行成本增大，事故频率提高、能源浪费、空气污染以及其他不利情况。

另外有时交通拥挤还与未限制出入有关，即进入匝道交通量与主线交通量相加导致合流路段交通量超过通行能力，使主线产生交通拥

挤。还有由于道路几何上的缺陷,如车道减少、交织路段短、道路横断面窄、视线不良、互通式立交不合标准等都可引起几何瓶颈,造成交通拥挤。

要解决拥挤或阻塞,必须充分利用高速公路交通控制系统,借助交通管制手段,合理地分配疏散、限制交通流。其中路口和匝道的控制是避免自然拥挤式阻塞的有力对策之一。

六、高速公路交通控制方式

高速公路交通控制的方式,可根据国情及道路所在地区、重要程度的不同,采用多种方式,从大的方面可以有主线控制、进口或出口控制、交通走廊(交通带)式控制等几种。

1. 主线控制

在欧洲及美国普遍采用此方式,控制的目的主要在于保证最佳车流量速度,防止撞车事故,提高通行能力有限的道路的使用效果。

除了利用可变情报板、可变标志、路侧通信广播等信息提供系统指导汽车行驶外,各国还采用一些特殊措施。

(1)限制车道使用。

根据情况关闭一条和几条车道,禁止车辆驶入,以提高某种原因通行能力降低时的安全性及使用效率。英国在所有高速公路上都设置有车道指定标志;原联邦德国在慕尼黑高速公路入口处,意大利在隧道入口处设置了车道限制信号机,指示汽车疏散路线;美国采用视线诱导标(平时为绿色,封闭时变成红色"×"号),进行控制。

(2)开辟交通走廊(交通带)。

在交通量超过通行能力时,不得已而封闭主线的某一部分。东京、大阪利用设在主线上的收费处关闭进口,旧金山在桥梁收费处前设停止信号,将 18 车道合并成 8 车道,都属于这种措施。

(3)可逆车道。

美国芝加哥、西雅图等地的一些高速公路允许在高峰单向交通量特别大时使用反向车道,用工业电视监视;纽约的林肯隧道有 3 个洞(各双车道),中间的隧道平时是双向各一车道对开,高峰时变成单向通行。

2. 进口及出口控制

进口及出口控制是高速公路控制出入的两种最主要形式。进口控制是将可能引起主线阻塞得车流封闭在入口之前,出口控制是利用出口迅速疏导已经发生的阻塞。很显然,出口控制的安全性不如进口控制好。因此,大都采用进口控制的方法。

城间高速公路与城市高速公路决定进口封闭的原则有所不同。城间高速公路是根据入口前的公路上的交通情况作出判断的,而城市高速公路由于入口较多,不仅根据入口前街道上的交通情况,还根据主线上车流的速度及道路占有率等拥挤情况判断。控制进口的方法有以下几种。

(1)完全封闭入口。

收费高速公路可以采用关闭收费处的办法,大多数是在入口处设置信号灯或可变标志,但它是非强制性的,有的驾驶人员并不遵守。

(2)定周期封闭入口。

与城市道路红绿灯一样,在入口匝道上利用信号灯周期性地变换信号,调节主线上的交通量不超过通行能力。

(3)感应式入口封闭。

这种方法用得较多,与定周期式不同的是,利用在各个入口公路上(或主线上)设置的车辆检测器掌握要进入高速公路的交通量,或者主线上的行车速度、道路占有率,由交通控制中心进行数据处理,决定是否封闭入口。如东京首都高速公路是根据区间平均速度作为决定阻塞得标准的,大于40km/h 为正常,监测地图板上无任何表示;20 ~ 40km/h 时出现黄色警告;小于 20km/h 时用红色表示阻塞,并发出控制入口的信号。

(4)合流控制。

当主线上有空档时,给匝道上的车辆以通行信号,对合流车辆实行有规则控制。波士顿采用了两种诱导方式,一种是在主线上设检测器,可以合流时给设在匝道上路缘处的灯泡以闪灭信号,提醒驾驶员合流;另一种是在匝道路缘设置信号标志,制造绿波带,给合流车辆以一定车头间距信号。

3. 交通走廊控制

这种控制方式的目的在于使交通走廊的通行能力与交通需要之间达到最优平衡,所以它不单纯封闭高速公路,而是将高速公路与疏散道路、街道实行综合控制,利用各种信号提供设施诱导车流方向,提供优化路线。为此,高速公路的车辆检测器将不仅测定交通量,主要

应测定车速。这种方法在美国、意大利的那不勒斯、日本东京等城市普遍采用。

4.其他辅助控制措施

为了更好地解决高速公路的交通拥挤问题，一些国家已开始从防止阻塞、节能、减少行车需要等多方面采取综合治理措施。例如，美国在小汽车集中的地区，对使用公共汽车、多人合乘一辆小汽车实行优惠的办法，设置公共汽车及合乘小汽车专用车道，至少在高峰时指定专用车道；高峰时利用反向车道作为它们专用车道，在入口处设置专用的绕行道等，均取得了良好效果。

第七章　高速公路交通安全管理

第一节　概　　述

高速公路的交通安全不仅关系到高速公路的正常运行，也影响到人民的生命财产、生活和工作。尽管各国统计资料表明：因为高速公路全封闭、分道行驶、有完善的设施，有严密的现代化交通控制管理，因而事故比一般公路低得多。但一旦发生事故，往往是恶性事故，一次事故殃及的车辆数多、伤亡率高，且处理事故中又往往造成交通阻塞，所以应高度重视交通安全管理，尽力杜绝高速公路的交通事故。一旦发生交通事故，应尽快排除事故，使之对高速公路行车影响减到最小。

一、交通事故的定义分类

在高速公路上车辆发生碰撞、碾压、刮擦、翻车、坠车、爆炸、失火等所造成的人员伤亡、车、货损坏事件，称为交通事故。事故分类可以按以下不同方式进行。

1. 按事故后果严重程度分

轻微事故：轻伤1～2人，直接经济损失200元以内。

一般事故：重伤1～2人，轻伤3人以上，经济损失200～3 000元。

重大事故：死亡1～2人，或重伤3～10人，经济损失5 000～10 000元。

特大事故：死亡3人以上，或重伤11人以上；或死亡1人，同时重伤8人以上；或死亡2人，同时重伤5人以上；或者接经济损失10 000以上者。

2. 按事故产生原因分

主观原因事故：这类事故，多因为驾驶人员违反规定、疏忽大意、操作不正当等造成，有的是主观故意也有的是过失造成，但均是当事人本身的原因。

客观原因事故：这类事故，多因道路条件不利的因素，如线形、路

面状况、气候、水文、环境等造成交通事故。这类事故一般应从加强管理上防治。

二、高速公路交通事故的特点

世界各国的统计资料表明,高速公路是安全度最高的公路,《法国高速公路》一书中认为“高速公路四倍安全于一般公路”。这是因为高速公路宽阔、平直、分道行驶、全封闭、全立叉、有完善的交通安全和交通控制设施。但高速公路又具有车流量大、行车速度高的特点,因而如行驶途中任一车辆,由于故意、非故意造成车辆碰撞、停行,均将酿成重大交通事故,且事故殃及车辆数多、死亡率高,这是高速公路上发生交通事故的一个特点。

在事故类型中,撞车事故所占比例很大,这是高速公路事故的另一个特点。据日本1985年高速公路上事故统计,汽车相互撞车占总事故48.3%,单独撞车占47.2%,可见撞车比例之大。另外从一些统计资料看,高速公路事故从车型、原因上也有一定特色。按车型统计,大卡车事故比例占30.97%,大客车占7.31%,拖挂车占4.17%,小汽车占37.1%,小货车占18.00%,其他2.37%;按事故原因统计,车间距过小占29.09%,驾驶不当占25.71%,疲劳驾驶占3.93%,超速占6.05%,机件故障8.10%,轮胎爆占14.13%,其他占12.99%。

法国资料则认为:事故的首要原因是疲劳和瞌睡,占26%;对气象条件考虑不足占13%;充气不当引起轮胎破裂占10%;速度过快占7%。当对气象条件考虑不足、安全距离又不足,速度过快时危险性更大,占超速事故的27%。另外夜间车辆风险比日间高2倍。从分析上看饮酒似乎不是重要原因,因驾驶员在上高速公路前普遍避免喝酒,服务区又禁止售酒。

我国有的省对50起事故分析,因疲劳驾驶占18%,爆胎占24%,制动失灵占22%,这可能与我国目前在高速公路上行驶的车辆的技术状态不高有关。

另外,高速公路上汽车速度高,下雨天容易产生高速水膜滑行(也称水漂)现象,这时车轮不是跟路面接触,而是托在水膜上滑行,轮胎的摩擦力几乎为零,制动失控、转向盘不灵,极易发生事故,这也是高速公路交通事故的显著特点之一。另外,因高速公路汽车速度高,雾天能见度低,雪天路面有冰雪,均较一般公路容易发生事故。

第二节　高速公路事故诱因分析

一、高速公路上驾驶员特征分析

1. 操作及反应特征

(1)操作特征。

驾驶员作为行车的中枢存在，其操作特征主要如下：

①通过视、听、触觉是否能正确收集一切交通情报。

②能否从收集的信息中，经大脑分析作出安全行车的各类判断。

③操纵转向盘、制动器和变速器是否正确。

(2)反应特征。

驾驶员从发现刺激(如险情)到制动器起作用的反应时间应为反射时间、判断时间和动作时间的总和，其值应为2.5s，若不考虑动作时间，大约需2s，对120km/h速度车辆，2s的行驶距离为67m，因而反应快慢对高速公路上的交通安全关系极大。

(3)差异特征。

①性别的差异。男性外向、积极、果断；女性内向、稳重、情绪不稳定。

②年龄的差异。20～35岁反应时间最短，35岁之后开始急剧变化，年龄再增高，反应时间逐渐加长。

2. 视觉机能

(1)视力。

驾驶员单眼最低视力不得低于0.8，随车速增加视力减弱。

(2)视野。

在静止时，正常的单眼视野平面范围，颞侧为90°，鼻侧为60°，下侧为70°，上侧为55°。两眼的视野左右为160°。此外，视野以白色最大，蓝、黄次之，绿最窄。例如，速度为40km/h者，注视点在车前约180m；视野范围90°～100°；速度70km/h者，注视点在车前360m，视野范围65°；速度100km/h，注视点在车前600m，视野范围40°。

(3)色觉。

红色易见性最高，以下为橙、白、绿。

(4)适应。

在行车时，眼睛对明暗有个适应过程。

(5)眩光。

眩光会使人们的视力下降，在高速公路中应尽量消除眩光。

3. 饮酒

由于酒精对人体身心机能、记忆和个人感受的影响，使得酒后开车肇事情况极为严重。国外统计资料表明酒后肇事比重并不大，是因为对酒后开车早已管理极严。我国高速公路刚起步，驾驶员对高速公路上酒后开车严重后果还认识不清，因而更应加强宣传教育和管理。有的资料认为酒后 30 ~ 40min，开车肇事者大约为 60%，且重大事故多，致死率高。饮酒后开车往往会造成严重后果。

(1)向静止物撞击，如安全岛、分隔带、护栏、护墙分道水泥墩、桥栏杆等。

(2)向停车带停放车辆撞击或驶入侧沟，甚至夜间受眩光影响，冲撞对向来车。

4. 疲劳

疲劳的特征为：感觉迟钝，动作不协调、不准确，肌肉痉挛、麻木，情绪躁动、忧虑、怠倦。疲劳可分暂时疲劳、慢性疲劳。暂时疲劳是一时疲劳，通过休息可以恢复。慢性是由于长期处于疲劳状态，不容易恢复，需要较长时间休息。影响疲劳有以下方面的原因。

(1)生活原因。

睡眠时间、时刻和环境，生活环境，包括居住、家庭环境以及工余时间利用等因素。

(2)驾驶原因。

车内环境：车内温度(17°以下)、湿度(50%以下)，噪声(振动是否剧烈)、机器类(各种仪器、开关、操纵柄等设计、安装是否适宜)、坐席(坐垫、靠背的角度是否合适)。

车外环境：包括行车时间(白昼、傍晚、夜间)、气候、道路条件、路线条件、安全设施条件、交通条件、运行条件。

(3)驾驶员自身原因。

驾驶员年龄、性别、性格、气质、经历、身体条件。

二、高速公路的事故多发段

一般公路，因为公路标准低，无分道行驶，线形、路面条件差，事故多发生在急转、多弯、陡坡、路面不够宽或质量差的地方。高速公路的事故多发地段和一般公路不同，因为高速公路技术标准高，因而事故多发段很少直观反映为线形或路面为单一原因，事故多发地段多数是多种因素综合，对事故多发地段也绝非靠“前面事故多发”的警告牌可以起作用的，而应加强综合管理，特别是驾驶人员的心理素质教育和安全宣传教育。从目前国内高速公路事故多发段分析，有以下主要原因。

1. 自然条件的偶然巧合

如某些沿溪线高速公路，局部路段易起雾，驾驶人员在无思想准备情况下进入雾区，前面车减速，后面车未减速，车距不够而撞车，或视线不清，造成操作失误而撞车。

2. 主要客流驾驶员在该段巧合为疲劳、思想麻痹期

如甘肃省河西走廊的高速公路，由于线形顺畅、视距良好、车流量少，许多驾驶员连续行车 6 ~ 7 个小时，由于疲劳和思想麻痹，因而在平直路段发生事故。

3. 驾驶员的心理因素

有些路段出过大事故，或谬传是风水不好等，均会对驾驶员造成精神压力，造成情绪波动，这些地段一经传言也易成为事故多发段。

4. 和周围环境及建筑不协调

如京津塘高速公路上有的事故多发段在跨线桥附近，特别是在跨线桥位于弯道头尾时，更易发生交通事故。有时事故多发地段和匝道与出入口太近也有一定关系。

5. 其他

个别事故多发地段也有因设计中平纵横排水的偶然组合不当的情况，以及路面磨耗使得摩擦系数不足而导致多发事故的。也有因路面养护维修破坏路线原有平纵组合和超高而引发事故的。

总之，对高速公路事故多发段，应认真分析原因，采取相应对策，加强综合管理。

三、高速公路上行车时驾驶员须知

1. 车辆要求

(1) 车辆必须符合国家规定的安全技术条件，配备警告标志。小型客车前排座位应安装安全带。

(2)非机动车、拖拉机、电瓶车不允许上高速公路行驶,行驶速度低于60km/h的各类机动车、简易机动车不得驶入高速公路。

(3)一些性能不好的车辆,如制动失灵、轮胎破旧、经常出故障的车辆应自觉不进入高速公路。

(4)噪声、排气污染,颤动等不符合环保要求的不准进入高速公路。

(5)车辆轴重不得超过道路规定标准。

(6)超高、超宽、超重车不准进入高速公路,有些特大件运输可联系安排晚上或专用时间行驶,载运危险物品,应经交通公安部门批准。

(7)包装、捆扎不好、易撒掉东西的车不准进入高速公路。

2. 行驶要求

(1)不准在高速公路上试车、倒车、逆行、掉头、熄火滑行,穿越隔离带;不准在行车道上停靠车辆。

(2)驾驶员应有高速公路行车的起码常识,应懂得高速公路特有标志、信号内容和含义,会使用紧急电话。

(3)速度应控制在所行驶道路规定的最低时速和最高时速范围之内。

(4)在各种不利气候下行车(如雪、风、雾、灾害和事故)时,应严格按高速公路上可变信号标志或限速标志的指示行驶。

(5)驾驶技术尚未熟练的驾驶员驾驶的教练车、实习车,也不得驶入高速公路。

(6)车辆在同一车道上行驶,必须按规定保持行车间距,一般的,70km/h速度,车距应大于50m;大于70km/h速度,车距应大于100m;在特殊气候或不利条件下行车,车距应比上述规定加大1倍。

(7)在车道上行驶,必须各行其道,分道行驶,一般情况走外侧行车道,只有超车时才使用超车道,路肩及路缘带不准行驶,不得骑、压车道分道标线。

(8)超车时应注意超车道的情况,计算好车间距离,不得在出入口、匝道上超车。

(9)车辆从匝道进入高速公路,必须在加速车道上提高速度,再驶上主车道,注意不得妨碍主车道上其他车辆正常行驶。车辆驶离高速公路,必须按出口预告标志,进入指定车道减速,经匝道驶离高速公路,必须提前开启转向灯。

(10)禁止在高速公路上上下乘客、装卸货物。

(11)在高速公路上行驶的车辆,不准超员超载;货运车辆除驾驶室坐人外，其他任何部位不准载人，乘车人不得站立，不准向车外抛扔物品，前排乘车人应系安全带。

(12)车辆发生事故或故障，不能行驶时，应立即开启危险信号灯，并在车后设警告标志，人员应撤至右侧硬路肩，并立即到最近紧急电话处与监控中心联系。

(13)不要妨碍执行紧急公务的消防、急救、公安、抢险等车辆先通行。

(14)在高速公路上不得紧急制动，空车更应注意。开车要始终握紧转向盘，改变车道转向盘转动角不要太大。

3. 恶劣天气条件下要求

(1)下雨时，要注意雨水影响视野，另外因下雨而使路面摩擦系数下降，因而制动距离增长，危险性增强，应注意突然启动、急转弯、紧急制动引起的横向滑移、转弯、滑溜及翻车。遇大暴雨，还应防止不稳定边坡的滑塌和高边坡的落石。

(2)下雪时，要防雪盲现象；冰冻时，要防止车辆打滑，另外应注意按可变情报板要求，控制车速和车间距。

(3)雾天因视距不足，要使用雾灯(黄灯)或前灯，另外应注意按可变情报板要求，控制车速和车间距。

(4)冬季路面冰雪时，尤其要慎防急转弯、紧急制动发生横向滑溜翻车，必要时应遵照规定使用防滑链或带钉轮胎、雪地轮胎。

当遇恶劣天气时，除采取必要技术措施，如除雪、撒融雪剂外，还应根据恶劣天气情况采取必要的交通管理措施，原则上应尽力保证高速公路24h全天候运输；极端恶劣情况，需封闭交通时应履行一定手续。各省(市)目前对封闭交通标准、履行手续程序、限速、保持车距要求很不一致，有待于总结各地经验，尽快制订全国管理办法。下面将甘肃省高等级公路恶劣天气条件下采取的管理措施作以介绍。

①全线封闭。

全线因沙尘、雨、雪、雾天气，能见度在100m以下时；全线道路结冰、积雪时。

②局部封闭。

部分路段因沙尘、雨、雪、雾天气，能见度在100m以下时；部分路段因低温、降雪道路结冰、积雪时。

③间断放行。

全线或部分路段因沙尘、雨、雪、雾天气，能见度在 100m 以上，200m 以下时；全线或部分路段因低温、降雪道路轻度结冰时。

间断放行要控制阻塞车辆不得超过 500m。

④限制车速。

因雨、雾、小雪天气，道路积水、潮湿、薄冰，能见度在 200m 以上 500m 以下时，车速限制在每小时 60km，两车间距离不小于 200m。

交通管制程序为：

①各管理所要及时将天气、道路、出入口交通量情况报告或通报总监控中心和高速公路交警大队。

②总监控中心上报部门负责人，部门负责人报请省公路运营中心领导同意后实施。

③总监控中心下达交通管制指令。

④各管理所接到交通管制指令后，配合高速公路交警大队在管制路段两端发布信息，因交通事故封路的交警大队要及时赶赴现场，指挥疏导交通，并在事故现场两端 100m 外设置有关标志；收费站向驾驶员做好解释工作和信息公告工作；向养护、路政部门通报管制指令信息及路况信息。

⑤管制实施信息应逐级反馈至省监控总中心和省公路运营中心领导。

交通管制权限为：

①因沙尘、雪、雨、雾、路面结冰、道路施工实施交通管制由省公路运营中心负责。

②因交通事故实施交通管制，由高速公路交警大队负责，并通报管理所。

③因政治、军事、经济原因实施交通管制，由相关部门通知省公路运营中心，按交通管制程序执行。

第三节　高速公路事故处理

一、高速公路事故处理

1. 事故监视及排除

高速公路事故监视是迅速排除高速公路交通事故、减少事故对交通流影响的基础。事故监视主要有：电子监视、闭路监视、航空监视、救援装置和紧急电话、驾驶员互助救护系统、民用频道无线电、巡逻车。根据目前我国的经济实力及道路建设情况，在近期内采用闭路电视、救援装置和紧急电话、驾驶员互助系统、公安和公路巡逻车监视事故更为经济有效，而且完全可以利用现有公路监视系统。

事故一旦被监视到，迅速排除交通事故是保证交通的关键。排除高速公路的交通事故，应由负责交通事故的公安交通管理部门负责，但更需要有一支有许多机构配合默契的管理队伍，他们既包括高速公路管理者、交通公安，也包括医疗、消防、救援者。

当监控中心得知发生交通事故后，应立即通知路政、养护、公安交通管理部门及和事故有关的医疗、消防、救援单位，各方均应及时赶到现场，组成临时事故排除指挥组。交通公安管理部门负责勘查现场、疏导交通，依法处理事故；路政部门负责勘查路产损失、排除路障和清理事故现场，依法索赔路产损失；养护部门负责迅速恢复被破坏的交通构造及设施；医疗、消防、救援部门按和高速公路管理部门的服务合同，及时抢救人员或灭火救援或为需救援车辆提供服务；监控室应及时发出各种控制交通的信号。总之，事故排除是一个统一的系统工作，各部门一定要各负其责、紧密配合、协调工作。事故现场勘查处理完毕后，要迅速解除紧急状况下的交通管制，恢复正常交通。

2. *交通事故勘察及原因分析*

事故原因分析的基础工作是勘察和调查。现场勘察的目的是收集痕迹、物证及其相互之间的相关因素；查明发生事故的主、客观原因，为研究事故的原因和规律提供可靠的依据，判明当事各方发生事故过程中主要情节和违章因素。

现场勘察的主要内容是绘制现场图、摄影、取证和讯问、访问及其他现场调查。现场图有平、立、剖面图、立体图和示意图，是法律证据；现场摄影是事故佐证；讯问、访问和其他现场调查是获取必要的补充证据材料的方法。

事故勘察和调查后应进行事故分析，分析可根据勘察资料从以下三方面原因分析。

（1）车辆及其行驶状况导致的事故。

此类事故所占比例较少，但后果极为严重。

①事故与原因的联系。因轮胎花纹已严重磨损，制动构件不灵，

致使紧急制动而产生跑偏或侧滑;转向机构不灵,制动器失控,加、减速运动构件不适应,零部件断裂,引起撞车、翻车、燃烧;违反交通规则侵占对向道路行驶,违章超车、超速、超重、超宽等运行等造成交通事故。

②轮胎痕迹与事故分析。轮胎印迹是车轮留在地面上的,是车辆运动过程中的真实记录和反应,是不可缺少的物证和分析事故原因的主要依据之一。利用胎迹可鉴别车型、轮距和轴距,根据其宽度变化可以分析出车辆回转运动过程。根据印迹曲线分析肇事车辆的偏移和侧滑;根据制动印迹的转折判断冲击点位置;根据拖印距离确定肇事车的速度。

③车体痕迹与事故的分析。从车体凹陷、塌陷与孔洞痕迹判断接触部位和车辆的行驶方向。

④路面痕迹与事故的分析。路面的撞击痕迹可以作为判断车辆行驶方向及其当时速度的依据。

⑤散落物与事故的分析。事故发生后产生的散落物,如玻璃片、零部件、装载物、润滑油、冷却水、血迹等与车体及其接触点的位置和方法、距离,可判断事故发生时车辆运行情况。

(2)公路条件的原因导致的事故。

①路面状况。路面粗糙度不够,则使轮胎与路面之间的附着系数降低,制动距离增加,造成事故。

②其他公路条件。如公路构造物有损坏未及时修复,护栏、护墙损坏后未及时进行修复,公路因自然条件成瓶颈路段等。

(3)驾驶员心理特点导致的事故。

①接收信息特征。交通安全公路信息有突显信息、先兆信息、微弱信息和潜伏信息等种类。不同的驾驶员对上述信息敏感程度和接收程度不一,有少数驾驶员对微弱信息和潜伏信息不易察觉。

②视觉反应特征。因刺激频繁或不足、情绪高涨和低落、年龄大小、疲劳状况、车辆速度、酒精和药物作用、高等级公路行车环境等原因均会对驾驶员的视敏度、视野、色觉反应产生不同的影响,致使某一些属性下降,发生判断错误而导致车祸。

③安全感。取决于高速公路交通安全条件,此条件差,安全感差,安全性降低;反之,条件好,安全感高,安全性提高。

总之,驾驶员作为高速公路的使用者,其意志、欲望、感情、情绪、疲劳、疾病、酒精、药物等，均可影响操作特征，对保证行车安全有着极密切的关系，分析事故中应作为一个重要因素分析。

二、高速公路救援系统

高速公路控制出入，不可能像一般公路完全依靠当地力量救援、救急，故大都在服务区或管理中心设有急救中心、救急站。急救中心、救急站一旦接到紧急电话，应立即出动救援和救护车。救援系统的主要任务是为发生故障的车辆提供维修服务，帮助陷于困境的汽车驾驶员摆脱困难；发生事故后，提供紧急服务，包括消防、救护、环保、车辆牵引起吊，供应燃油料等。

高速公路救援系统对确保道路的“安全、畅通、高效”有着举足轻重的作用。因此，应特别强调一体化管理，步调一致，行动迅速，并应有一套总体和具体救援和组织实施方案，应形成全天候运转的紧急救援实体，配备训练有素的救援人员和必要的设备、车辆。

紧急救援系统内各方面的紧密配合和协调工作是圆满处理各种事故的基本条件。在控制中心，控制决策者与值班警察应紧密配合，协调工作，获得事故信息后，双方立即互通情况，统一指挥，各紧急救援部门（救援、救护、消防等部门）应按指令快速抵达现场，并及时将有关信息反馈给监控室，并对现场实行必要的交通管制。控制中心应根据反馈信息及时改变管理方案，并将情报提供给有关人员。事故处理完毕，应迅速解除交通管制，恢复正常交通。

第八章　机电系统故障诊断

第一节　概　　述

公路机电(监控、通信、收费、照明和供电)系统作为公路运营现代化管理的一个手段,在公路运营管理中发挥了十分重要的作用。为了保证机电系统的正常运行,除需对机电系统提供定期的维护管理外,还要在机电设施发生故障时及时维修与排除。公路机电系统按功能分包括:监控、收费、通信、供配电及照明等系统,其中所涉及的专业门类多、技术难度大、设备集成复杂、发展更新快,要配置好、管理好、维护维修好这些设施,对维护和维修人员的专业技能要求很高。如何科学管理、维护维修这些设施,直接影响到公路设施能否充分发挥作用,关系到公路"安全、快速、高效、舒适"功能是否能够得到有效保障。鉴于近年来交通智能化的发展趋势,机电维护和管理工作在系统运营中的作用显得越来越重要。

近年来,随着大量高速公路的建成并投入运营,我们在公路机电系统的管理、培训、维护、改造等方面进行了一些有益的探索,并且积累了一定经验。为进一步提高公路机电系统的正常运营维护,围绕着高速公路监控、收费、通信、供配电、照明、防雷等各个方面的维护工作。进行了总结分析、归纳整理,为公路收费员学习和工作提供必要的帮助。

第二节　收费系统故障诊断

一、收费系统的主要设备

高等级公路收费系统的设备主要包括:车道控制计算机、显示器、字符叠加器、票据打印机、收费键盘、对讲设备、自动栏杆机、语音报价器、车道通行灯、雨棚信号灯、雾灯、报警设备等。

二、收费系统车道亭内设备故障诊断

1. 车道控制计算机

车道控制计算机采用工业级计算机，除配备CPU、内存、硬盘、电子盘外，要配备各种接口，其中包括与主机通信的接口（或网卡），控制外设的I/O接口（包括通行信号灯、自动栏杆、车辆检测器、费额显示器、视频数据混合器、读写卡机等）、键盘、显示接口、打印机接口等。

车道控制计算机常见故障与排除方法见表8-1。

车道控制计算机常见故障与排除方法　　表8-1

异常现象	故障分析及排除方法
无法开机	1. 用万用表检查机柜开关电源、端子排以及车道机电源线是否有电，电压是否正常 2. 用万用表检查车道机电源是否正常，是否有输出。如果不正常，则更换或维修；如果车道机电源正常，则可能为主机板卡或芯片故障，需进一步逐一排查更换
开机后操作系统无法启动	1. 若屏幕提示（Keyboard error or no keyboard present）语句，则检查主机后面板键盘接口是否插接好，因为系统检测不到键盘会有此提示 2. 如果硬盘未插接好或损坏，系统检测不到硬盘，系统也无法启动，同时并有相应提示，需检测硬盘是否损坏 3. 如果是系统出错导致无法启动，先进入安全模式下进行修复，然后重新启动计算机，或者按F8然后调用“最后一次正确配置”。如系统仍然不能启动，则需要重新安装操作系统
无法登陆收费系统	1. 收费系统软件可能被移动或修改，导致无法登录，需要重新安装收费系统软件 2. 数据库被移动或修改也可能无法登陆，需重新安装数据库软件
频繁死机	1. 收费员误操作可能导致死机，按复位键重启计算机即可恢复 2. 计算机硬件板卡插接不牢靠或震动导致死机，这种情形需要拆开主机机箱，将板卡逐个取下，清洁，插牢，接好 3. 板卡（如显卡、CPU等）温度过高也会导致死机。这种情形要检查、清洁风扇或散热片等。若发现风扇不转动，要及时更换 4. 硬盘有坏道或故障会导致机器频繁死机。这种情形要用Windows的磁盘管理工具对硬盘进行扫描，作相应的修复或更换 5. Windows系统文件被移动或修改也会导致死机，这种情形要重新安装操作系统

2. 收费员终端

(1)显示器。

它用于显示收费员输入的信息及有关收费的指示信息,并提示收费员的下一步操作。收费显示界面分为三个区域:

①状态显示区包括:日期、时间、车道号、收费员工号、车道状态、设备状态。

②业务处理显示区包括:图像、车型、收费处理情况。

③帮助显示区:给收费员提示操作。

显示器常见故障与排除方法见表8-2。

显示器常见故障与排除方法　　表8-2

异常现象	故障分析及排除方法
开机无显示	检查显示器是否加电,或显示器数据线未与主机连接
显示器偏色、花屏或抖动严重	显示器数据线未与主机连接好,导致接触不良;或者显卡未插好;或者显卡主芯片温度太高
显示器一段时间不用会自动黑屏	可能在控制面板中使用了电源节电管理模式,在电源使用方案项中将监视器、硬盘、系统待机、系统休眠等项全部选择"从不"即可

(2)收费键盘。

它由车型键、功能键、数字键和若干备用键组成。功能键包括:上班、下班、确认、公务、紧急、无卡、违章、车道打开、车道关闭、车队等键。

收费键盘常见故障与排除方法见表8-3。

收费键盘常见故障与排除方法　　表8-3

异常现象	故障分析及排除方法
键盘"失灵"	键盘掉线,重新将键盘接口与主机插接好
个别按键"失灵"	键盘使用时间较长,按键老化所致,需更换
系统启动无法检测到键盘	首先检查键盘是否插接好;如确定接好,则检测键盘本身是否损坏,可在另一台计算机上测试,若故障仍然存在,则需更换新的收费键盘

3. 视频数据叠加器(VDM)

视频数据叠加器的功能主要是将通过收费员人工输入的收费信息叠加在视频信号上。为了能够通过站控制室的监视器清晰观察和记录收费过程,在视频信号中叠加车道××(固定),工号×××××,车型×,入口××,(处理车情)××,时间××日××时××分××

秒,这样就可很方便地观察到车型判断是否正确(与监视器图像中车道上的车型对比),整个键入过程跟踪显示,像在计算机上击键一样,键入什么显示什么,更改也同样可以看见。当收费车辆通过出口的车辆检测器后显示的字符消失,以便将前后两辆车明显分开。每个VDM具有两路视频叠加通道,除在亭内摄像机图像上叠加字符外,还在车道摄像机上叠加字符,报警车辆采集图像上既有车辆图像又在图像上叠加有字符信息,可以一目了然地观察收费员对特殊类型车的处理是否正确。

视频数据叠加器(VDM)常见故障与排除方法见表8-4。

视频数据叠加器(VDM)常见故障与排除方法 表8-4

异常现象	故障分析及排除方法
显示器车道图像上无字符叠加	1. 字符叠加器视频输出端口选择错误,输出端口一般有带字符叠加的和不带字符叠加的两种 2. 字符叠加器与车道机之间的串口数据线未连接
字符叠加有错误字符或乱码	字符叠加器自身故障,这种情形只需对字符叠加器重新加电复位即可
叠加的时间信息不完整或与当前时间不符	这种情形属字符叠加器自身故障,需要下班再上班,重新登陆一次即可排除
图像有抖动虚影现象	1. 检查对应图像输入输出BNC接口与VDM接口是否接插并顺时针旋紧到位 2. 检查对应图像输入输出BNC接口内视频线是否焊接完好 3. 与其他图像互倒后,原图像变正常,而正常图像变抖动,可判定是VDM的此视频端口有问题
无图像输出	1. 检查VDM电源是否正常 2. 检查VDM电源接口处的保险管是否完好 3. 检查VDM电源指示灯是否显示正常

4. 票据打印机

出口车道需配备专用票据打印机,同时附带装纸盒或托架。现场打印的信息包括:日期、时间、收费员工号、收费站号、车型、收费金额等。

票据打印机常见故障与排除方法见表8-5。

票据打印机常见故障与排除方法 表 8-5

异常现象	故障分析及排除方法
夹纸	1. 票据放置不端正,票据应与打印机入纸口放在一条线上 2. 打印机内部碎纸屑太多,将打印机倒过来倒出碎纸屑即可,打印机内部需经常定时清理 3. 适当调节加大打印机纸型档位
票据打印字迹不清晰	色带使用时间较长,需要更换
打印机不打印,报警	1. 检查打印机是否开机加电 2. 检查打印机数据线是否连接,如果线连接正常,在打印机在加电的情况下,重新启动计算机 3. 检查打印机盖子是否盖好
打印速度慢,且噪声较大	可能由于打印机使用时间较长,内部传动部件松动,需紧固、修理或更换

5. 对讲设备

收费站的通话设备有传统的对讲系统和网络电话两种。传统的通话设备有主机和分机组成。主机安装在收费站监控室,分机安装在收费亭及监控室。

通话设备有三种工作方式:主机向所有分机群呼或部分分机组呼、主机与任意分机单独通话、分机呼叫主机。

对讲设备常见故障与排除方法见表 8-6。

对讲设备常见故障与排除方法 表 8-6

异常现象	故障分析及排除方法
杂音较大	1. 主机或分机的接线处接触不牢,需检查、压紧 2. 可能由于线路上信号干扰,可在接线处并联电阻
对讲系统监听无声	线路故障,检查线路插口并处理
对讲系统可监听、不能发话	线路接口故障或电源故障,检查线路插口及设备供电是否正常并处理

6. 非接触式 IC 卡读写器

非接触式 IC 卡读写器由控制器、天线、电源(也可能集成为一体)三部分组成,以射频方式完成对非接触式 IC 卡的读写操作。

非接触式 IC 卡读写器常见故障与排除方法见表 8-7。

非接触式 IC 卡读写器常见故障与排除方法　　表 8-7

异常现象	故障分析及排除方法
无法进行读写操作	1. 检查 IC 卡读写器有无加电,和车道机连接是否正常 2. 将 IC 卡读写器换到其他电脑上检查是否正常,若还是不能正常读取数据则说明 IC 卡读写器故障需更换
连续出现未复位卡	未使用或已使用过的 IC 卡离 IC 卡读写器太近,出现了相互干扰现象

三、收费系统车道亭外设备故障诊断

1. 自动栏杆机

它安装在收费车道后部,与车辆检测器配合使用,受控于车道控制计算机,通常收费员按放行键后,栏杆抬起,车辆驶过检测器、栏杆自动落下。

自动栏杆机由电机、减速机、传动部件、控制模块、金属箱体,可调整的限位开关、栏杆等组成。

自动栏杆机常见故障与排除方法见表 8-8

自动栏杆机常见故障与排除方法　　表 8-8

异常现象	故障分析及排除方法
栏杆反应速度慢	收费员收费确认后,栏杆较长一段时间才抬起。此类情况可能由于: 1. 车道控制计算机系统资源较忙,系统运行慢造成,可重新启动计算机,提高系统运行速度 2. 可通过调整栏杆机内控制模块上的车检器抬杆时间调整选项,并调节总运行时间
栏杆落速度慢	调整栏杆机内控制模块上的落杆时间选项
收费确认后不抬杆或车辆通过后不落杆(偶尔性的)	1. 可能由于车辆快速通过线圈,车检器未检测到,导致不落杆 2. 可能由于收费员操作太快,前一辆车还未通过线圈,当前车辆已经电脑收费确认,导致控制模块无法识别究竟为何种指令,所以有不抬杆现象出现 3. 可能由于环境因素(如温度、湿度)影响栏杆机性能 以上故障现象可通过控制模块上的复位按钮恢复 4. 也可能由于栏杆机内部传动部件错位导致不抬落杆,这种情况需要打开机盖检查调整,损坏的零件需更换或修复 5. 如果使用了不合规格(如重量、长短)的栏杆也会出现不抬落杆现象

续上表

异常现象	故障分析及排除方法
栏杆机无任何动作	1. 检查栏杆机接线,看有无线头掉落或虚接 2. 在栏杆机加电的情况下按复位按钮,检查控制模块上的指示灯是否正常,如果指示灯正常,用万用表测量感应线圈是否断路,如果线圈完好,则为控制模块故障,需进一步排查更换;如果线圈断路,则需重新敷设线圈 3. 观察栏杆机车检线圈模块面板上的指示灯是否正常显示,以排除车检线圈模块有故障的可能 4. 观察栏杆机控制模块面板上的指示灯是否正常显示,以排除栏杆机控制模块有故障的可能
档杆升起到竖直/水平位置时,档杆抖动厉害	档杆升/落时,限位开关调节不当造成,需分别调整限位开关凸轮的位置使档杆到达竖直/水平位置时运行平稳

2. 费额显示器(集成语音报价模块)

费额显示器由车道控制机控制,收费过程结束后处于全黑状态。可变信息由7段数码显示组成,固定信息(如车型、金额等汉字)可蚀刻在面板上。

费额显示器常见故障与排除方法见表8-9。

费额显示器常见故障与排除方法 表8-9

异常现象	故障分析及排除方法
数字显示不正常(缺少笔画)	内部数码管损坏,需更换
无任何显示	1. 检查费额显示器与计算机之间的数据线是否连接正常 2. 检查费额显示器是否加电
不报价	语音报价模块或喇叭坏,需更换

3. 车道通行信号灯

车道通行信号灯安装在收费车道的出口端,有立柱和信号灯组成,主要采用高亮度发光二极管发光,受控于车道控制机。收费员发卡或收费后,按确认键,信号灯有红变绿;车通过检测器后,信号灯由绿变红。

车道通行信号灯常见故障与排除方法见表8-10。

车道通行信号灯常见故障与排除方法　　表 8-10

异常现象	故障分析及排除方法
红绿灯均不亮	检查机柜端子排电源处(AC220 V 和 DC12 V)及电源线是否有电,如果有电且电压正常,则通行信号灯内部继电器或电路板问题,需逐一排查、更换
红绿灯同时亮	控制线短路
收费确认后信号灯由红变黑(车通过车检线圈后)	1. 信号灯由红变黑,说明绿灯控制线未接通,检查 12 V 继电器 2. 信号灯由绿变黑,说明红灯控制线未接通,12 V 检查继电器

四、收费系统车道其他设备故障诊断

1. 天棚信号灯

天棚信号灯安装在车道顶部的天棚上,发光器件采用超高亮度发光二极管,使用寿命≥10 万 h。在迎车流方向安装红绿灯组;在背车流方向安装单红灯。

在迎车流方向,当车道打开时显示为绿灯;车道关闭时显示为红灯。红绿切换由收费亭内的开关控制。

天棚信号灯常见故障与排除方法见表 8-11。

天棚信号灯常见故障与排除方法　　表 8-11

异常现象	故障分析及排除方法
红绿灯均不亮	检查机收费亭内电源处(AC220V)及电源线是否有电
红绿灯同时亮	控制线短路
红绿灯有一个不亮	检查相对应的 24V 电源模块是否正常

2. 雾灯

雾灯安装在每一收费岛的岛头部分,在雾天或能见度低的情况下开启,用于指示车道位置,诱导驾驶员行驶。雾灯通常为黄色或红色,要采用高亮度的发光器件。雾灯由收费亭内的开关控制。

雾灯常见故障与排除方法见表 8-12。

雾灯常见故障与排除方法　　表 8-12

异常现象	故障分析及排除方法
不亮	检查机收费亭内电源处(AC220V)及电源线是否有电。若有电,则需更换

3. 报警装置

(1)车道报警装置:通常使用黄色闪光报警器,安装在通行信号灯

立柱的顶部。这种装置是为收费员遇到冲卡等特殊情况而设置。

黄色闪光报警器常见故障与排除方法见表8-13。

黄色闪光报警器常见故障与排除方法　　表8-13

异常现象	故障分析及排除方法
黄色闪光报警器只转不亮	更换灯炮
只亮不转	电机坏
不亮不转	检查机电源(AC220V)及电源线是否有电

(2)收费亭紧急报警装置:通常由安装在站监控室的报警主机和分别安装在各个收费亭的脚挑(脚踏式报警开关)组成。在紧急情况下收费员触动开关产生报警通知监控员。

收费亭紧急报警装置常见故障与排除方法见表8-14。

收费亭紧急报警装置常见故障与排除方法　　表8-14

异常现象	故障分析及排除方法
报警键盘除LED电源灯亮,按键无任何反应	控制主机处在“停止”模式。启用控制主机复位功能。按“*69#”或“*68#”
怎样复位报警记忆	按“*1#”键清除报警记忆

第三节　监控系统故障诊断

一、监控分中心的功能

监控分中心的监控室,配置综合控制台和大型显示屏幕,便于管理人员分头操作、管理各个监控子系统。这些子系统是:闭路电视、紧急电话、数据采集处理、控制决策和执行、可变信息编辑和显示、图形编辑显示、通信控制等。各个监控站及所有子系统都是由计算机控制管理的。监控室应配备工作电话,内部电话用于工作调度、协调,外部电话主要用于和交警、路政、救援、消防等单位联系。所以,监控分中心监控室的主要工具平台是一个交通监控计算机网络系统。

二、监控中心的功能

在设有监控分中心的系统,监控中心负责对全局的宏观管理,任务量比较小。在没有监控分中心的管理系统中,监控中心完成与多级管理系统中监控分中心相同的功能。

三、监控系统的功能划分

根据监控系统的功能要求和设备特点,监控系统可分为如下功能子系统。

1. 交通信息采集与显示子系统

获取交通信息原始数据。通过车辆检测器、检测线圈、通信设备等形成的交通量采集子系统,获得各路段的交通量数据;通过在重要地段的摄像机和视频传输设备获取该地段的视频实时数据,通过电视墙再现,并根据需要对视频数据进行记录;通过设在路边的紧急电话获取紧急救援信号;通过气象采集系统采集高速公路各地段的能见度、温度、湿度、风向、风速、雨雪等气象条件。这些信息中,视频数据可在计算机或电视墙上显示,其他交通量数据和紧急救援信号数据一般通过电子地图板或大屏幕投影的方式显示。

2. 交通状态检测子系统

根据采集到的交通信息原始数据,计算各地段的交通状态参数。这些参数反映了各地段的交通状态。

3. 交通控制子系统

根据各地段的交通状态和气象条件,选择或配置交通控制方案。交通控制子系统包括:交通控制目标、交通控制方法、交通控制参数。

4. 交通诱导子系统

为车辆提供诱导信息,交通诱导子系统包括:可变限速诱导系统,依靠埋设在道路两旁或可变限速标志,进行整条路的车速优化处理;可变情报板系统则提供更为具体的诱导信息,向车辆提供准确的交通状态和警告、指挥信息。

四、监控设备故障诊断

1. 监控中心信息显示屏(地图屏、投影显示屏)

信息显示屏常见故障与排除方法见表8-15。

信息显示屏常见故障与排除方法 表 8-15

异常现象	故障分析及排除方法
信息屏亮度低	LED 灯故障，更换 LED 灯
无显示，有乱码	光收发器故障，或代码转换器故障，或传输线路、接口松动。通过自检的方式检查设备；检查代码转换器的电源和线路或重新更换接头
部分无显示	可能是控制电源故障；本地代码转换器死机；远程网关故障或远程设备通信模块故障。检查电源确保工作电压正常；重启软件和代码转换器；检查远程网关；启动自检程序；发送指令检查远程通信模块
投影仪亮度低	可能是镜头上有灰尘或投影灯上积灰尘；也可能是投影灯泡损坏

2. 监控系统 CCTV 图像监控

CCTV 图像监控常见故障与排除方法见表 8-16。

CCTV 图像监控常见故障与排除方法 表 8-16

常见故障	故障分析及排除方法
无图像	1. 检测摄像机电源线、视频线和接头是否正常 2. 检测摄像机镜头是否正常 3. 检测光端机有无死机或损坏 4. 检测视频分配器或矩阵处电源线、视频线和接头是否正常 5. 更换摄像机
图像模糊、有花斑水痕迹或失真	1. 调整摄像机的光圈或焦距来调整图像清晰度 2. 调整摄像机镜头的亮度旋钮来调整图像亮度 3. 显像管老化、聚焦或高压电路部分有故障。及时更换或调整电路 4. 视频信号传输衰减大，更换镜头 5. 摄像机镜头有故障，镜头有污迹，清洁表面 6. 聚焦未调好 7. 光端机光信号功率偏小
不能控制（全方位彩色摄像机）	1. 检测与矩阵连接的摄像机控制线是否接好 2. 检测与摄像机连接的控制线是否接好 3. 检测控制线是否断掉 4. 检测光端机有无死机或损坏 5. 检测码转换器是否正常工作 6. 检测矩阵键盘是否正常工作

续上表

常见故障	故障分析及排除方法
摄像机	1. 光圈故障:镜头坏更换,视频插头接触不良紧固 2. 雨刷无法控制:电机、继电器检测,解码器故障检测 3. 不能聚焦:远端控制电路故障,控制继电器坏,镜头故障,控制线路故障
图像与字符叠加不上	1. 字符发生器故障:修理或更换字符发生器 2. 远端控制机接地不良:重新安装 3. 字符叠加器与计算机通信线路故障:检查并修复通信线路
无法控制摄像机	1. 一般为控制器故障:检查控制器电源、控制器板元器件 2. 监控工作站软件故障:从新启动监控工作站软件 3. 通信线路故障:检查光收发器、解码器的工作状态 4. 摄像机故障:检查摄像机工作状态,地址、编码控制部分
云台转动失灵	1. 云台转动机构故障:清理云台,注入润滑油 2. 云台控制继电器故障:修理或更换控制继电器 3. 控制线断:清理、紧固接线端子,加中性润滑剂 4. 接线端子坏或接触不良:检查控制线和接线端子 5. 不能接受控制命令:检查光收发器、解码器的工作状态
控制台对视频无法切换	1. 控制台电源故障:排除电源故障 2. 控制台 CPU 控制板坏:用示波器检测控制板各工作点波形 3. 控制器各别组件坏:查找更换损坏器件 4. 视频矩阵设置不当:从新分配视频矩阵信号 5. 控制数据线路不同:检查并修复控制数据线路
视频分配后图像变差	1. 视频分配器不良:更换视频分配器 2. 视频信号变弱:在视频分配器后面加视频放大器
磁带录像机	1. 不能定时录像:录像机故障或设置错误,修理录像机并正确设置录像程序 2. 磁头脏:清洗磁头和磁鼓
硬盘录像机	1. 自动开启不正常:敏感度设置太高或太低,从新调整敏感度值 2. 回放质量差:压缩率太高,调整设置 3. 传感器有信号但工作不正常:传感器连接不好、或故障或设置不正确,检查传感器,调整设置

续上表

常见故障	故障分析及排除方法
编解码器	1. 指示灯不亮：电源指示指示灯不亮，传送数据时数据指示灯或开机时硬盘指示灯不亮；网络指示灯不亮 检查电源、根据操作手册检查或送修、检查网络，若是编解码器问题送修 2. 无图像：网络故障、切换不正确、相关设备故障 检查线路或网卡、切换到正确位置、检查相关设备 3. 声音故障：切换不正确、连接问题、声音不同步 切换正确位置、检查线路及连接情况、调整回声抑制器的延迟

3. 监控系统车检器

监控车检器常见故障与排除方法见表 8-17。

监控车检器常见故障与排除方法　　表 8-17

异常现象	故障分析及排除方法
数据不上传（监控中心内部）	1. 在监控中心用自带笔记本电脑和串口线、9 针转 25 针的串口线等工具进行现车检器的控制 2. Model 的检测 3. 检测 model 的连通要看是否为 connect 9 4. 检测 model 的连通状态为 connect 5 或小于 9 的数值时，表示连接质量不好，有串挠的情况 5. 检测光端机有无死机或损坏 6. 检测电源是否供电正常
外场车检器的灯异常	1. 正常情况下，主板上有两组灯，一般为左边一组红色，右边一组为不亮，当有车辆通过时，右边一组灯变红闪烁一下 2. 出现不是正常的情况时，先用复位键进行复位，若无法恢复则用笔记本电脑进行设置参数 测试程序常用命令 A. Set log Period（设置日志周期）。按屏幕提示设置日志周期 B. Req log Period（读取日志周期）。车检器报告当前日志周期数值 C. Set Date/Time（设置系统时间）。按屏幕提示依次设置时、分、秒、月、日、年 D. Read Date/Time（读取系统时间）。车检器报告当前系统时间 E. Set traffic Logic（设置交通逻辑）。按屏幕设置依次设置车道数和每车道前后线圈的序号。双向四车道设置步骤如下 enter No. of Speed Modules? ……………………..询问速度模块数。键入 4 回车

续上表

异常现象	故障分析及排除方法
外场车检器的灯异常	Enter Leading Loop No. for Speed Module 1…. 询问速度模块 1 前线圈序号。键入 1 回车 Enter Trailing Loop No. for Speed Module 1…. 询问速度模块 1 后线圈序号。键入 2 回车 Enter Leading Loop No. for Speed Module2…询问速度模块 2 前线圈序号。键入 3 回车 Enter Trailing Loop No. for Speed Module 2…. 询问速度模块 2 后线圈序号。键入 4 回车 以此类推。直到速度模块 4 的后线圈序号设为 8 即可
MODEM 故障	1. 运用 modem 的设置命令进行设置。内场设置波特率 4800、地址 01、modem 的状态设置为 ANSWER、外场的 modem 设置为主叫 ASK、出现小叫声后就会有 modeM 的连通状态为 connect 9,则好 2. 当连接不为 9 时,则有传输串挠现象,要检测线路的屏蔽现象,其次检查串口连线是否有松动现象
外场电源故障	1. 每到一个地方检查设备首先检查设备的电源是否正常,电压过高或过低 2. 查看电源板是否有电源,电源灯是否正常 3. 看接线是否完好 4. 外场是否供了电源 5. 检查车检器的保险
车检器线圈故障	1. 用万用表检测车检器每一条线的电压是否正常; 2. 车检器主板的所有灯都不亮,仔细测量线的电压
车检器灵敏度错误	1. 主线车检器的灵敏度一般为 3,隧道车检器的灵敏度为 5; 2. 灵敏度的设置为车检器的主板上白色的小按钮,一边是高的,一边是低的,3 个按钮的总和为 5 即可
光端机的故障	1. 检查光端机的电源灯、工作灯是否正常 2. 出现异常灯,则检测出出现故障的地方,接线,串口头进行检测 3. 无法检测到故障时就更换光端机

4. 可变情报板、可变限速标志

可变情报板和限速标志常见故障与排除方法见表 8-18。

可变情报板和限速标志常见故障与排除方法　表 8-18

常见故障	故障分析及排除方法
内容无法采集(监控中心内部)	1. 在监控中心用自带笔记本电脑和串口线、9 针转 25 针的串口线等工具进行现车检器的控制 2. Model 的检测 3. 检测 model 的连通要看是否为 connect 9 4. 检测 model 的连通状态为 connect 5 或小于 9 的数值时,表示连接质量不好,有串挠的情况 5. 检测光端机有无死机或损坏
情报板无显示内容	1. 正常情况下,重新启动电源会好的 2. 出现不是正常的情况时,先在计算机中进行检测通信是否完好 3. 检测串口头是否松动 4. 检测串口头是否有虚接 5. 光端机检测 6. 光纤的检测 7. Modem 的检测,通信是否完好
MODEM 故障	1. 运用 modem 的设置命令进行设置。内场设置波特率 9600、地址 00、modem 的状态设置中心为 ANSWER、外场的 modem 设置为主叫 ASK、出现小叫声后就会有 modem 的连通状态为 connect 9,则好 2. 当连接不为 9 时,则有传输串挠现象,要检测线路的屏蔽现象,其次检查串口连线是否有松动现象
亮度的故障	1. 在自动设置中一般是从外场检测到的设备的亮度值 2. 在自动中亮度不够亮时,在手工设置中设置为红色 31 的亮度值 3. 红绿蓝三中颜色监控人员可以自己设置
乱码错误	1. 重新开动电源 2. 检测二极管,更换一些坏的二极管
信息出现整块错行	1. 数据线错误:模块的数据线松动,紧固数据线 2. 模块故障:检测模块情况,是否有烧坏的芯片,及时更换 3. 电源接线是否完好
信息出现某一整屏黑屏	1. 数据线错误:检测模块情况,是否有烧坏的芯片,及时更换 2. 模块故障:模块芯片烧爆,及时更换 模块组的数据线叉线槽口与地板接线松动
波浪形扫描线	1. 显示控制板故障:修理或更换显示板 2. 接地不良:检查交流接地及模块间直流接地 3. 电源干扰:检查电源 4. 数据控制板故障:更换数据控制板

续上表

常见故障	故障分析及排除方法
局部花字、缺字	1. 该显示控制板的译码电路损坏:修复显示控制板故障 2. 供电不正常:检查模块的供电是否正常 3. LED 集束像素管故障:更换像素管
控制失控	1. 控制系统板故障:修复或更换控制系统板 2. 软件有问题:程序问题采用强制复原方法试验 3. 通信线路故障,不能接受数据:检查通信线路和光收发器 4. 电源系统故障:修复电源
全屏不亮	1. 供电不正常:检查电源熔断丝和电源系统 2. 通信中断:检查通信线缆的连接 3. 数据控制板与显示控制板通信故障:更换控制模块
闪烁或字符不清	1. 交流接地不良:检查接地电阻是否符合要求 2. 接地不良:检查、修复
自检正常,与主站通信不正常	1. 通信接口损坏:检查通信接口 2. 通信线缆、设备、防雷器损坏:检查并修复 3. 显示控制板电源不正常:检查电源 4. 代码转换模块故障:检查代码转换模块故障
信息板不复位,通电后不自检	1. 复位电路电阻、电容或电路损坏:更换驱动电路 2. 总线驱动器损坏:更换控制板 3. CPU 损坏:更换 CPU
显示混乱	地址信号驱动器、信号板损坏:更换地址信号驱动器、信号板
显示单色	数据总线驱动器损坏:更换数据总线驱动器
三道亮线至尾	某一根数据线断,其后所有数据对应位将始终是高电位,表现为三道亮线
LED 单管不亮	LED 单管损坏:调换 LED 管
外场电源故障	1. 每到一个地方检查设备,首先检查设备的电源是否正常,电压过高或过低 2. 查看电源板是否有电源,电源灯是否正常 3. 看接线是否完好 4. 外场是否供了电源

第四节 通信系统故障诊断

一、公路通信系统概述

公路通信系统是高速公路现代化管理的支撑系统，它要实现监控系统和收费系统的数据、话音和图像等信息的准确而及时地传输，要保持公路管理部门之间业务联络通信的畅通，并要为公路内部各部门与外界建立必要的联系。因此通信系统是实现公路现代化管理必不可少的基础设施。

二、公路通信系统的基本组成及其功能

公路通信系统应确保话音、数据及图像等各类信息准确及时地传输，为各种先进的管理手段提供信息传输的基础。

公路通信系统基本上由以下几部分组成：光缆传输线路、数字传输系统（包括准同步数字系列 PDH/同步数字系列 SDH）、数字程控交换机、IP 网络设备、紧急电话系统、无线通信系统和通信管道等。

三、通信系统维护指南

通信系统维护流程与方法见表 8-19。

通信系统维护流程与方法 表 8-19

维护项目	方法指导
供电系统、火警、烟尘	供电系统直流电压 DC 保持在 –42V ~ 53V 之间；保证设备间相关传感器无火警及烟尘
母局机房温、湿度	保证机房温湿度检测计读数：湿度在 40% ~ 60%；温度在 15℃ ~ 30℃
查询前台软件版本	进入 C@ C08 业务维护系统的维护窗口，进入【系统】下的【软件版本】，正常情况下，在主界面上显示的主机软件版本和备机软件版本结果图框中会有和相应模块的版本及生成日期，否则为故障态
查询模块单板运行状态	进入 C@ C08 业务维护系统的维护窗口，进入【配置】菜单下的【硬件配置状态面板】，输入各模块号分别查询各模块板位的实时状态，正常时单板颜色为灰色、绿色〈主用〉、蓝色〈备用〉

续上表

维护项目	方法指导
RSA 下的单板运行状态	进入 C@C08 业务维护系统的维护窗口,进入【配置】菜单下的【硬件配置状态面板】,对选择的近端 RSA 单板点击右键,在弹出的菜单中选择【查询下级】,进入下级板位界面进行单板查询,正常时单板颜色为灰色
业务维护—查看日志	进入 C@C08 业务维护系统的 MML 命令窗口,进入【操作系统】菜单下的【查询日志命令信息】,选择相应的来源及操作员、IP 地址、时间,保证没有异常情况出现
告警系统—告警箱面板告警查询	通过对告警箱面板的上下左右四个键可查询到各个模块发生告警的级别及对应的功能子系统告警选项;如果准确定位告警部位,再进入后台的告警管理台进行查询
告警系统—告警台告警查询	进入 C@C08 交换机告警台窗口,要看哪条告警的详细情况,先选告警纪录再按 ENTER 键既可,可按该详细资料采取相应的处理措施
计费错误告警检查	在观察到话单告警灯变红后,即要检查故障告警记录,查出计费告警的原因并消除,正常情况下没有告警,计费告警灯为绿色
查看话单池信息	进入 C@C08 业务维护系统的命令窗口,执行命令 LST BILPOL 查看各个模块的话单缓冲区信息,有计费需求的模块应有话单的产生,并且可根据平时的维护经验值判断各个模块话单数量是否正常
抽查 BAM 取出话单的正确性	进入 C@C08 业务维护系统的命令窗口,执行命令 LST AMA 对每个计费模块的当天话单进行随即抽检,详细话单的主、被叫号码、终止时间、通话时长均应正常;计次表的主叫号码、计次次数均应正常
查询 BAM 上各模块话单文件状态	在维护终端上通过【网上邻居】进入 BAM 上的 BILL 目录,查看当天的话单文件 *.BIL 的容量;查看是否存在 *.err 文件及该文件的大小,与上周同一天的 *.BIL 文件相比容量差别不应过大;如有 *.err 文件,其容量也应很小
查询 NO7 接口中所有的 2M 系统状态	进入 C@C08 业务维护系统的维护窗口,选择【配置】/【电路查询】/【查询电路状态】,正常时电路状态应为空闲或忙

续上表

维护项目	方法指导
检查交换机时间	进入 C@ C08 业务维护系统的维护窗口,打开【系统】/【时间设定】,查看交换机时间,时间应与当前北京时间一致,若发现时间不一致,应及时上报高级维护人员修正
检查 BAM 硬盘剩余空间	在维护终端上通过【网上邻居】进入 BAM,通过分别查看 D 盘和 E 盘的"属性"检查磁盘空间,两个盘剩余空间应大于 100M
数据备份、转储	进入业务维护系统的命令窗口,执行命令 BKP DB 备份数据库,然后将备份的数据文件从 BAM(缺省目录为 E:\)上拷贝至工作站或其他介质上
话单备份、转储	将 BAM 上的话单文件(缺省目录为 D:\BILL)备份至工作站或其他介质上
BAM 磁盘空间整理	删除 6 个月(或 3 个月,视上级要求而定)以前的原始话单、告警文件、日志等;检查磁盘空间,删除没有必要的备份文件或将备份文件转至其他介质上,空闲空间应保持硬盘容量的一半
查询 MPU 主控板的备份状态	进入业务维护系统的命令窗口,执行命令 DSP BRD 查看主用 MPU 板的状态,应有显示:"备份完成"。
BAM 运行情况检查	检查 WIN NT 的事件查看器中有无异常告警;退出 BAM 运行程序,查看 BAM 能否自动重新启动;检查 BAM 的键盘、鼠标、显示器、网卡、软驱等接口;查看 WS 得通信状态,可用 PING 命令来检查与 WS 的通信状态
WS 运行状态检查	检查磁盘空间,删除没有必要的备份文件或将备份文件转至其他的介质上;运行磁盘整理程序及磁盘碎片整理程序
NO7 信令链路业务切换验证	对有两条或两条以上去往同一目的信令点的链路,在维护台中"管理禁止"一条链路操作,原来由该条链路完成的工作应自动转移到其余 NO7 链路表明业务自动切换正常

四、通信系统故障诊断

由于通信系统十分复杂,要掌握公路通信系统技术,需要有较高的理论和专业基础,需要较高层次的通信厂商的专业培训。本教程仅涉及简单的故障分析及排除方法。

1. 光电缆传输线路故障诊断

光电缆传输线路常见故障与排除方法见表8-20。

光电缆传输线路常见故障与排除方法 表8-20

异常现象	故障分析及排除方法
通信中断	线路受损。打通冗余线路;确定线路受损故障点,及时报告相关专业维护人员进行抢修
光路时通、时断	可能是光缆尾纤沾染灰尘或尾纤接触不良。用无水酒精擦洗或紧固接插件
电缆绝缘电阻下降	电缆外皮损伤;电缆接头破损或配线架绝缘差。查找出电缆破损处加以修复;修复电缆插头破损处或清除配线架灰尘
通话中有串、杂音	可能受邻近电磁场的干扰、绝缘电阻下降、线路不平衡。检查线缆屏蔽接地、电缆插头是否良好、配平衡或换线

2. 数字程控交换机故障诊断

数字程控交换机故障处理程序见表8-21。

数字程控交换机故障处理程序 表8-21

步骤	处理方法
故障检测	用各设备的检验电路校对每次动作结果,不正常情况时,可通过故障中断报告处理机制,故障识别和分析程序分析故障信息和位置
系统再组成	恢复正常工作后,通过警灯(铃)故障告警,并将详细的故障情况打印成故障报告
诊断测试	根据故障报告,发出诊断指令,启动故障诊断程序对故障设备进行诊断测试,并将诊断结果打印出来,尽快修复故障设备
故障修理	按诊断结果和诊断手册,找出设备中的故障插件范围或故障插件。替换插件后,故障仍未消除,则需利用测试设备进一步查找
修复设备返回系统	故障设备修复后,使修复设备成为正常使用状态,返回交换机的工作系统中

第五节 供配电照明系统故障诊断

机电系统的运行,依靠供配电照明系统提供电能支持,随着机电

系统的日趋完善,公路供配电系统已发展成为电力供电系统的一个重要分支,而且是交通机电系统的重要组成部分。

一、供配电系统

公路供配电系统是指由供电部门输电网提供的输电线路,一般在35kV及以下,常用10kV经由变压器将电压降为公路机电设备用电压,一般为220V/380V,然后由低压线路为公路沿线设施提供符合标准的电能。其中线电压380V接三相动力设备及2380V的单相设备,相电压220V接一般照明灯具及其他220V的单相设备。公路供配电系统的设备分为高压配电设备和低压配电设备。

1. 高压配电设备

(1)高压隔离开关。

高压隔离开关检查主要项目包括电流监视、支柱绝缘子、导电接触、触头间距、操作机构及联锁装置。

高压隔离开关故障原因分析及排除方法见表8-22。

高压隔离开关故障原因分析及排除方法　　表8-22

常见故障	故障分析及排除方法
绝缘子表面有污垢、放电痕迹、裂纹或破损	使用年份长、有闪络放电现象 1. 停电时擦拭绝缘子表面 2. 更换有放电痕迹的绝缘子
动静触头有污垢、烧痕、弹簧片、弹簧和引线有折断、锈蚀、变形	电流过大、稳升过高,触头过热 1. 应立即减负荷或停电检修 2. 停电检修时,清洁触头,调整、修复或更换零件
操作机构的操作杆锈蚀、弯曲变形、脱销	使用年份长或使用不当 停电时进行操作检修

(2)高压断路器。

公路常用的高压断路器是少油断路器和真空断路器,主要检查项目包括:电流、电压、工作状态、油色、油位、声响与气味、连接点、瓷绝缘体、传动与操作机构等。

①少油断路器。

少油断路器故障原因分析及排除方法见表8-23。

少油断路器故障原因分析及排除方法　　表 8-23

常见故障	故障分析及排除方法
异常声响和气味	发电产生的臭氧味或过热产生的异常气味或糊味 发现异常应停电检查
油色、油位与漏油异常	杂质、螺钉松动或密封不良 取油样检查、检修
绝缘体表面有污垢、放电痕迹、裂纹或破损	使用年份长、有闪络放电现象 1. 停电时擦拭绝缘子表面 2. 更换破损的绝缘子
传动部分异常	销轴脱落、传动杆裂纹等 1. 活动摩擦部分，润滑良好 2. 停电时修理或更换损坏的零件

②真空断路器。

真空断路器故障原因分析及排除方法见表 8-24。

真空断路器故障原因分析及排除方法　　表 8-24

常见故障	故障分析及排除方法
真空灭弧室绝缘外壳有污染、裂纹、导电体锈蚀或变色	老化、拉弧 停电检修
排气管损坏	使用年份长、使用不当 停电检修
真空灭弧室内有杂物	存在金属碎屑 停电检修

(3)高压熔断器。

高压熔断器主要检查项目包括电压监视、熔断管、导电接触部分、绝缘等。

高压熔断器故障原因分析及排除方法见表 8-25。

高压熔断器故障原因分析及排除方法　　表 8-25

常见故障	故障分析及排除方法
熔断管有污垢、放电痕迹、裂纹、变形或破损	损坏 擦拭熔断管表面，更换损坏零件
熔断管密封损坏	损坏 检修、更换

续上表

常见故障	故障分析及排除方法
触座有污垢、锈蚀或烧毛痕迹	维护不及时、接触不良 调整、修复、或更换
跌落式绝缘子支架不稳固，熔断器的角度变动	松动 紧固螺栓，调整熔断器的角度，要使灭弧管与铅垂线的夹角在15°~30°之间

(4)电力变压器。

电力变压器检查项目主要有以下方面。

①检查变压器的温度、油色、油位(油浸式变压器最高顶层油温95°，长期运行不超过85°)。

②检查引出导电排的螺栓接头、绝缘件、阀门、防爆管及周围环境。

③检查吸湿器、冷却通风装置。

④外体检查，包括防雷、接地装置。

电力变压器故障原因分析及排除方法见表8-26。

电力变压器故障原因分析及排除方法　　表8-26

常见故障	故障分析及排除方法
油温异常	仪表不准或油温异常 观察温度计的指示。当玻璃温度计与压力温度计有显著异常时，应查明原因
油色、油位异常	油表出入口有沉淀，阻碍油路 1.补充合格的变压器油 2.停电后用汽油或酒精将污垢擦拭干净 3.严重变深及浑浊时，取样进行试验
接头过热	引处导电排的螺栓接触不良 检查引处导电排的螺栓，并查看示蜡片或变色漆的变化
漏油	油箱、套管、各充油部件连接处、密封处引起渗油、漏油 1.目测检查各阀门各部分的垫圈 2.停电后进行渗漏处理并补充绝缘油 3.渗漏严重者，必须立即进行检修处理
出线套管、绝缘子等表面有裂纹、破损及闪络放电痕迹	使用年限长、有闪络放电痕迹现象 1.停电擦拭干净 2.严重时及闪络放电时应及时更换

续上表

异常故障	故障分析及排除方法
吸湿器呈粉红色	吸湿器吸附剂饱和及时更换
变压器有电磁声	1. 有电磁声，无杂音（负荷可能有大的变化） 2. 高次谐波的“洼洼”声（其他大的动力设备启动） 3. 过负荷引起的“嗡嗡”声（调整负荷） 4. 系统短路或接地（维修） 5. 零件松动（检修） 6. 变压器内部接触不良或击穿（检修） 7. 变压器内部铁磁谐振或断线（检修）
阀门工作异常	通向气体继电器的阀门和散热器的阀门工作不正常发现异常时，及时维修
防爆管损坏	防爆管有破裂、损伤及喷油痕迹、防爆膜损坏停电检修更换

2. 低压配电设备

(1) 刀开关。

刀开关故障原因分析及排除方法见表8-27。

刀开关故障原因分析及排除方法　　表8-27

常见故障	故障分析及排除方法
闭合后拉不开	1. 操作机构有卡死现象（检查故障处，修复） 2. 触头因过载而烧牢（卸载，磨光修复或更换触刀零件）
接通和分断电路时发生电弧或相间喷弧事故	灭弧罩脱落或烧坏更换或装牢灭弧罩，一般不许分断负载

(2) 低压熔断器。

低压熔断器故障原因分析及排除方法见表8-28。

低压熔断器故障原因分析及排除方法　　表8-28

常见故障	故障分析及排除方法
三相电路有缺相	熔断器接触不良 改善接触，更换新熔体
未过载熔丝烧断	熔体或刀开关接触不良 改善接触情况，使接触良好，以免熔体温升过高

(3) 电流互感器。

电流互感器故障原因分析及排除方法见表8-29。

电流互感器故障原因分析及排除方法　　表 8-29

常见故障	故障分析及排除方法
电流超过额定值	过载运行,会损坏互感器和降低精度 减少负荷,降低电流到规定值以下
电流指示比正常的小或为零	1. 二次开路(人不能靠近,应切断电源后处理) 2. 端子排或互感器端头的紧固件松动(在绝缘垫上,带绝缘手套紧固)
互感器异常	过载或二次侧开路 应立即停用互感器,进行检修处理

(4)低压断路器。

低压断路器故障原因分析及排除方法见表 8-30。

低压断路器故障原因分析及排除方法　　表 8-30

常见故障	故障分析及排除方法
触头不能闭合(手动、电动)	1. 无电压或线圈烧坏(检查线路,施加电压或更换线圈) 2. 弹簧变形或力过大(更换蓄能弹簧或从新调整) 3. 机构不能复位再扣(更换断路器) 4. 操作电压不符(更换电源) 5. 电动操作定位开关失灵(从新调整) 6. 控制器中整流管或电容器损坏(更换断路器)
脱扣器不能使断路器分断(分励、失压)	1. 线圈短路(更换线圈) 2. 电源电压太低(更换电源电压或升高电压) 3. 机构不能复位再扣接触面太大(从新调整) 4. 螺钉松动(拧紧螺钉) 5. 反力弹簧变小(从新调整弹簧) 6. 储能弹簧可能变小(从新调整) 7. 机构卡死(消除卡死原因)
启动电动机时断路器立即分断	过流整定电流值偏小 1. 调整电流脱扣瞬时整定弹簧 2. 空气式脱扣器、为阀门失灵或橡皮膜破裂,查明后更换
断路器闭合后,自行分断	1. 过流脱扣器长延时整定值不对(从新调整) 2. 热元件或半导体延时电路元件损坏(更换断路器)
失压脱扣器发出噪音	1. 反力弹簧力太大(从新调整) 2. 铁心工作面有油污(清除油污) 3. 短路环断裂(更换衔铁或铁心)

(5)低压接触器。

低压接触器故障原因分析及排除方法见表8-31。

低压接触器故障原因分析及排除方法　　表8-31

常见故障	故障分析及排除方法
铁心有噪声、震动	1. 线圈电压不足(调整电源电压) 2. 动静铁心接触面接触不良(调整接触面) 3. 短路环断裂(更换或修理短路环)
接触器不能吸合,或工作时自行打开	1. 线圈的引出线断裂(焊接后修复绝缘) 2. 线圈内部的线组断线(更换线圈) 3. 短路环断裂(更换或修理短路环)
线圈过热,吸力降低而铁心发出噪声	线圈匝间短路(更换线圈)

二、照明系统

公路照明系统按功能可分为:道路照明、管理业务及服务照明、景观照明。道路和管理业务及服务照明目前使用的灯具主要有荧光灯和高压钠灯。随着科学技术的发展,无极灯、LED灯等节能灯具也将逐步在公路照明系统中推广使用。

1. 荧光灯

荧光灯故障原因分析及排除方法见表8-32。

荧光灯故障原因分析及排除方法　　表8-32

常见故障	故障分析及排除方法
荧光灯、起辉器全不亮	1. 电压低(使电源电压正常) 2. 整流器不合格(换用合格的整流器) 3. 灯丝开断(选用好的灯管) 4. 起辉器不亮或已坏(更换起辉器)
荧光灯完全不亮、起辉器亮	1. 电压低(使电源电压正常) 2. 器具内接线有错(矫正接线) 3. 灯管坏(换灯管)

2. 高压钠灯

高压钠灯故障原因分析及排除方法见表8-33。

高压钠灯故障原因分析及排除方法　　表 8-33

常见故障	故障分析及排除方法
灯泡不亮	1. 灯泡损坏（更换灯泡） 2. 整流器或触发器损坏（换整流器或触发器） 3. 光控或自动开关损坏（维修光控或自动开关） 4. 接触不良（检查、加固接线） 5. 熔丝断或线路不通（装熔丝或加固线路）
灯光暗淡	1. 灯泡陈旧（更换灯泡） 2. 整流器不匹配，阻抗太大（换合适整流器） 3. 灯泡与灯具反光器积垢（消除污垢） 4. 电路电压太低或线路压降太大（升压或换粗导线）
启动缓慢	1. 灯泡质量差（更换灯泡） 2. 触发脉冲能量不够（换触发器） 3. 电路电压太低或线路压降太大（升压或换粗导线）
末端电压低、灯暗	1. 供电不正常（供电部门维修） 2. 线路断裂，引起线路阻抗增大（检查线路并维修）
金属灯杆、配电箱带电	1. 接地电阻大（供电部门维修） 2. 接地线损坏，引起线路阻抗增大（检查原因维修）

三、供电线路

供电线路故障原因分析及排除方法见表 8-34。

供电线路故障原因分析及排除方法　　表 8-34

常见故障	故障分析及排除方法
供电后，线路末端无电压	1. 接地线端子处松动（查处松动的端子，连接牢固） 2. 断线（连接断头或更换线缆）
线路末端压降过大	1. 接线端子接触电阻过大（压紧沿线接线端子的固紧螺栓） 2. 多股线芯有断股现象（换线） 3. 过载（卸载或加大线缆截面）

四、柴油发电机组

柴油发电机组故障原因分析及排除方法见表 8-35。

柴油发电机组故障原因分析及排除方法　表8-35

常见故障	故障分析及排除方法
柴油机启动困难	1. 燃油阀是否打开(打开燃油阀) 2. 供油系统内有空气或油泵未供油(检查供油系统) 3. 空气滤清器或进气管道有堵塞现象(排除空气滤清器或进气管道的堵塞) 4. 燃油管路有堵塞(排除燃油管路堵塞) 5. 环境温度过低(给发动机预热)
启动后运转不稳定	1. 燃油质量差(检查燃油质量) 2. 工作时间过长(检查工作时间) 3. 燃油雾化不良(检查喷油嘴喷油的情况) 4. 气门间隙较大(检查、调整气门间隙) 5. 油路管道中漏气(检查油路) 6. 调速器故障(检修、效准调速器)
排气管冒蓝烟	1. 机油油量不合格(检查机油油面) 2. 增压器的工作不正常(检查增压器) 3. 活塞环磨损过重(更换活塞环)
机油压力过低	1. 机油使用时间过长(检查机油使用时间过长) 2. 机油滤清器堵塞(检查机油滤清器是否堵塞)
机油压力过高	1. 机油过稠(检查机油型号) 2. 机油路堵塞(检查油路,测试机油压力)
柴油机温度过高	1. 负荷过重(检查负荷,适当减负) 2. 冷却水不足(检查冷却水,补加冷水) 3. 风扇皮带打滑(检查调整风扇皮带) 4. 节温器失灵(检查或更换节温器) 5. 水套、水箱中水垢太多(清洗水套、水箱) 6. 水箱堵塞(清洗、疏通水箱) 7. 机房散热条件差(人工散热或改善机房通风) 8. 水泵损坏(更换水泵)
柴油机动力不足	1. 供油量不足(加大油门) 2. 喷油压力过低,雾化不良(清理喷嘴,改良雾化) 3. 喷油时间不准确(校准喷油时间) 4. 气门间隙不当(调整气门间隙)

续上表

异常故障	故障分析及排除方法
启动电机不转动	1. 连接线接触不良(清洁和旋紧接头) 2. 启动电路本身短路(找出短路部位后修理) 3. 畜电池充电不足或容量小,以及启动电机的线路压降太大(进行充电或增加畜电池并联使用,不然应更换新的畜电池)
启动电机空转	1. 电刷、接线头接触不良或脱焊(清洁表面、焊接或更换) 2. 轴承套磨损(更换轴承套) 3. 磁场绕组或电枢绕组局部短路(找出短路部位修理) 4. 电磁开关触点烧毛,接触不良(检查开关触点,并磨光触点)
充电发电机不发电或电流小	1. 柜二极管、磁场线圈、转子线圈断路或短路(更换和修理) 2. 激磁回路断路或短路(连接好已断导线) 3. V 形皮带磨损或张紧力不足(更换或调整张紧力) 4. 充电电流表损坏(更换) 5. 线路接错(检查并改正接错的线路)

五、开关电源

开关电源故障原因分析及排除方法见表 8-36。

开关电源故障原因分析及排除　　表 8-36

常见故障	故障分析及排除方法
开机后听不到继电器或接触器的动作或是无输出电压	1. 检查市电是否正常 2. 检查熔断器是否已熔断(查除原因并更换) 3. 检查开机按钮接触是否良好
开机后整流器不能正常工作,过载信号灯亮或是过载报警	1. 检查交流输入电压是否超过该设备额定值 2. 检查输出端是否过载、短路、接地
开机后正常,手离开开机按钮时设备又自动停机	1. 检查接触器自锁机构有无虚接现象 2. 检查热继电器是否过热保护

六、不间断电源 UPS

不间断电源 UPS 故障原因分析及排除方法见表 8-37。

不间断电源 UPS 故障原因分析及排除方法　　表 8-37

常见故障	故障分析及排除方法
市电供电时，交流熔断丝熔断	1. 输出回路短路或过载；减少负载，消除短路 2. 脉宽调制器上无驱动脉冲输出；检查脉冲调制器的工作情况 3. 输入端火线与零线接线错误，调换接线顺序
熔断丝或驱动电路损坏	1. 驱动电路输出不平衡 2. 过流保护电路失效； 3. 脉冲调制组件损坏，或保护电路损坏
变压器有异响	1. 整流桥或稳压模块烧坏（更换整流桥或稳压模块） 2. 变压器次级绕组打火（检查变压器打火原因并修复） 3. 连接插头接触不良（检查插头的连接状况或更换） 4. 驱动电路输出不平衡（电路调整或换管－配对）
蓄电池丧失正常充放电特性	1. 蓄电池内阻过大（对蓄电池进行均衡充电） 2. 逆变器损坏（更换器件）
在市电停电时，不能转换到逆变器工作状态	1. 频繁启动，造成启动失败（一般关断以后，至少要等 6s 以后，才允许重新启动） 2. 过载电流或蓄电池端电压过低引起过流保护（减载或对电池充电） 3. 定时器件损坏（更换定时器组件）

几种常用的 UPS 常见故障处理。

1. 科士达 UPS 常见故障处理

（1）UPS 不能转到市电供电的故障处理流程。

首先检查 UPS 供电开关是否打开，如果没有打开，将供电开关拨至“ON”的位置然后观察面板输入及旁路指示灯是否亮，如果正常既可执行切换操作。

如果 UPS 供电开关打开后未见面板指示灯亮就应该检查供电线路。

（2）UPS 逆变指示灯不亮的故障处理流程。

首先确认是否正确开机，当确认正确开机后观察面板开关指示灯是否为“ON”，如果面板开关指示灯为“ON”就需要专业维护人员进行进一步检查。

（3）UPS 不能正常启动的故障处理流程。

首先确认是否正确开机，如果没有，则参照第一次开机要领进行开机操作；如果已确认正确开机，则观察 LCD 负载使用率指示是否超

过 100%、蜂鸣器长鸣报警,如果是,就应及时出去部分负载;如果 LCD 负载使用率未超过 100%,则观察故障灯是否长亮,是则通知专业维护人员进行维修。

2. 山特 UPS-C 系列 1KVA ~6KVA 简易故障排除

(1)当 UPS 故障发出告警声时的处理流程。

首先依负载指示灯号显示情形,判定故障原因,可区分如下:(灯号为由下往上)

1 号与 6 号灯长亮:过温——确认 UPS 现场环境是否温度过高;UPS 的进风口是否被其他杂物挡住。

2 号与 6 号灯长亮:输出电压异常——确认接在 UPS 输出端的负载是否有短路,可卸掉负载。

3 号与 6 号灯长亮:过电压——关机后,重新开机。

4 号与 6 号灯长亮:电池电压或充电电压异常——确认 UPS 电池是否有故障或是外接电池故障,以及充电电压是否过高。

5 号与 6 号灯长亮:超载——减少 UPS 输出端的负载,再重新开机。

如果上述方式已经确认还是无法排除故障,将 UPS 送至维修经销商处理。

(2)UPS 遇到停电也跟着当机的处理流程。

①先检查 UPS 是否已正常开机,正常情况下 UPS 市电输入及 INV 灯号都应该是亮的(绿色灯)。仔细阅读产品使用手册。

②确认 UPS 电池组是否电压过低须要更换,一般电池使用寿命约 2 ~3 年。

③如果上述方式已经确认还是无法排除故障,将 UPS 送至维修经销商。

(3)停电时 UPS 无续电功能时的处理流程。

首先检查 UPS 是否已开机。若未开机时,按开机键。若 UPS 已开机,而停电时仍然无续电功能时,检查电池电压是否过低且无法回充。若属电池问题,与厂商联系处理。

(4)停电时 UPS 供电时间不足的处理流程

检查 UPS 电池是否尚未充饱。若前一次发生停电而 UPS 电池已放电至低电位时,需充电 10h 后方可达到 90%之蓄电量(针对 UPS 标准机之电池)。若放电时间仍然不足,应检查 UPS 之电池电压是否过低且无法回充,若属电池问题,与厂商联系处理。

(5)UPS负载指示灯六个全亮且INV转至BYPASS(指示灯)亮时的处理流程。

表示UPS已超载使用,应立即将耗电量大之次要性负载关闭,减轻负载使用量,使UPS灯号跳回变流器状态。

(6)UPS蜂鸣器长鸣且面板灯号亮1、6灯或2、6灯或3、6灯或4、6灯(灯号为由下往上)的处理流程。

首先依负载指示灯号显示情形,判定故障原因,可区分如下:(灯号为由下往上)。

1号与6号灯长亮:过温——确认UPS现场环境是否温度过高;UPS的进风口是否被其他杂物挡住。

2号与6号灯长亮:输出电压异常——确认接在UPS输出端的负载是否有短路,可卸掉负载。

3号与6号灯长亮:过电压——关机后,重新开机。

4号与6号灯长亮:电池电压或充电电压异常——确认UPS电池是否有故障或是外接电池故障,以及充电电压是否过高。

5号与6号灯长亮:超载——减少UPS输出端的负载,再重新开机。如果上述方式已经确认还是无法排除故障,与厂商联系处理。

(7)UPS蜂鸣器约一秒响二次,面板灯号六个灯全亮或5、6灯亮的处理流程。

使用的负载已超载了,关闭最耗电的负载。

(8)UPS蜂鸣器约四秒响一次,面板灯号亮了四个绿灯及一个橙色灯,电池指示灯亮,INV指示灯亮的处理流程。

市电中断、市电异常、输入开关在OFF位置或输入保险丝熔断的情况发生时,UPS将由电池供电。灯号则代表电池容量。电池电压下降时,灯号会由下往上依序熄灭。当蜂鸣器约每秒响一次时,则表示放电将尽,请尽速关闭负载,以免负载当机。

七、防雷和接地

应定期维护防雷与接地装置。定期检测接地电阻,保持监控系统、收费系统、通信系统、供电与照明系统室内、外设施(备)和光、电缆的防雷、接地装置的完好。接地电阻测定仪、防雷元件老化测试仪等仪器均应经法定单位鉴定合格,在有效使用期内使用。

防雷和接地故障原因分析及排除方法见表8-38。

防雷和接地故障原因分析及排除方法　　表 8-38

常见故障	故障分析及排除方法
接地引线和汇接端口等处连接不良	接地引线和汇接端口等处连接处及时检查修复
工作接地电阻 >4Ω	接地电阻过大，可采用补打、深埋接地极或使用降阻剂等方法降低接地电阻
保护接地电阻 >4Ω	接地电阻过大，可采用补打、深埋接地极或使用降阻剂等方法降低接地电阻
联合接地电阻 >1Ω	接地电阻过大，可采用补打、深埋接地极或使用降阻剂等方法降低接地电阻
金属灯杆、紧急电话通话柱及防雷接地 >10Ω	接地电阻过大，可采用补打、深埋接地极或使用降阻剂等方法降低接地电阻
浪涌保护器失效	防雷老化测试仪检测不合格后应及时更换

八、参数稳压器

参数稳压器故障原因分析及排除方法见表 8-39。

参数稳压器故障原因分析及排除方法　　表 8-39

常见故障	故障分析及排除方法
输入端频繁跳闸	1. 检查输入电压是否正常（输入电压实际工作范围单相可达 120V～300V，三相可达 210V－515V；输入电压是否平衡） 2. 检查是否有缺相现象 3. 检查是否有过载、漏电、虚接等
稳压响应时间极长，电压不稳定	1. 检查市电电压是否正常 2. 检查补偿电容（有没有烧坏、老化、漏液、凸起等现象） 3. 检查变压器的温度是否过高；正常情况下参稳的响应时间一般在 10～40ms
输出电压不平衡	1. 检查输入电压是否正常 2. 检查输出端的配相是否均匀（采用铅型电流表重新分配） 3. 检查设备接地是否正常（有没有短路、断路、接地不良等）
输出电源频率过高	1. 检查市电频率是否在设备的额定值范围内 2. 检查补偿电容是否正常（有没有烧坏、老化、漏液、凸起等现象）

续上表

常见故障	故障分析及排除方法
机身温度过高	1. 检查三相输入、输出相、线电压是否平衡 2. 检查机壳接地是否良好 3. 检查输出是否过载 4. 检查散热风机工作是否正常
噪声过大	1. 检查输入、输出电压是否正常 2. 检查散热风机工作是否正常(风机有没有损坏,干燥等现象;加油或更换风机) 3. 检查补偿电容工作是否正常(有没有烧坏、老化、漏液、凸起、拉弧等现象)
输入端频繁跳闸	1. 检查输入电压是否正常(输入电压实际工作范围单相可达120V∽300V,三相可达210V ~515V;输入电压是否平衡) 2. 检查是否有缺相现象 3. 检查是否有过载、漏电、虚接等
稳压响应时间极长,电压不稳定	1. 检查市电电压是否正常 2. 检查补偿电容(有没有烧坏、老化、漏液、凸起等现象) 3. 检查变压器的温度是否过高;正常情况下参稳的响应时间一般在10 ~40ms

第六节 长大隧道安全设施故障诊断

随着公路建设的发展,长隧道及特长隧道不断增多,如何安全管理好公路隧道,充分发挥公路的经济效益与社会效益,这一问题已成为公路营运管理部门安全管理的重点工作。隧道是高速公路的中心枢纽,隧道安全管理,是保证公路安全,保障过往驾乘人员的生命安全,减少财产损失的重要举措。

有效维持、保障甚至延长隧道安全设施正常使用寿命,是高速公路隧道保持长期安全运行的关键。预防、减少和及时排除隧道安全设施故障,是确保公路车辆畅通的基本所在。

一、隧道安全设施包含内容

隧道安全设施主要包括:环境检测、通风控制、火灾报警、交通诱

导、消防供水控制、紧急电话和广播系统等。

二、能见度、CO、风机的故障原因分析及排除

能见度、CO、风机的故障分析及排除方法见表 8-40。

故障分析及排除方法　　表 8-40

常见故障	故障分析及排除方法
CO、能见度、烟雾浓度无输出	1. 电源电压不正常,调整电压 2. 线路中断,修复线路 3. 接口松动,紧固接口 4. 检测器损坏,更换检测设备
无法采集数据(监控中心内部)	1. 检测 PLC 柜控制 2. 检测光端机 3. 检测光纤 4. 检测 TCVO、TCVI、服务等 5. 检测串口线,是否有虚接现象 6. 检测与地图墙连接的 COM 是否正确 7. 检测环路的工作状态是否正常
外场风机噪声大	1. 电机有故障,风机的电机需要检测加油润滑 2. 叶片元器件松动,紧固螺丝及元器件等
风机出现振荡现象	电机启闭次数过于频繁,减少电机启闭频率
火灾报警按钮不报警	1. 监测器上有障碍物,清洁 2. 本地或远端通讯线路故障,检测网关、光收发器状态 3. 联动触发器故障,更换开关
外场电源故障	1. 每到一个地方检查设备,首先检查设备的电源是否正常,电压过高或过低,影响设备的正常使用 2. 查看电源板是否有电源,电源灯是否正常 3. 看接线是否完好 4. 外场是否供了电源

三、紧急电话的故障原因分析及排除

紧急电话故障原因分析及排除见表 8-41。

紧急电话故障原因分析及排除　　表 8-41

常见故障	故障分析及排除方法
内容无法采集(监控中心内部)	1. 检测数据库的连接 2. 检测网络的连接 3. 检测计算机名称
地图墙上变红/变黑	1. 正常情况下,重新启动紧急电话,计算机会好的 2. 出现不正常的情况时,先在计算机中进行检测通信是否完好 3. 检测外场的紧急电话的电压是否过低 4. 检测地图墙的串口是否正确
紧急电话分机	1. 围栏,保障围栏外观整洁美观,无掉漆,无锈蚀 2. 电源、防雷接地,保障电源、防雷、接地端连接牢固,防雷器功能正常、电源参数合乎标准、接地电阻小于 1.5 欧姆 3. 防护、清洁,无积尘、无掉漆、无锈蚀 4. 设备功能,保障能够正常连接主控机告警和接续
紧急电话主控设备	1. 电源、防雷接地,电源、防雷、接地端连接牢固,防雷器功能正常、电源参数合乎标准、接地电阻小于 1.5 欧姆 2. 防护、清洁,无积尘、无掉漆、无锈蚀 3. 告警、查询定位,保障分机和主控机告警和查询定位正常 4. 和监控系统连接、打印机,与监控终端正常连接,能正常打印相关报表 5. 值班电话机,通话正常 6. 系统功能,所有系统功能正常使用
外场电源故障	1. 每到一个地方检查设备,首先检查设备的电源是否正常,电压过高或过低 2. 查看电源板是否有电源,电源灯是否正常 3. 看接线是否完好 4. 外场是否供了电源

四、广播系统

1. 广播系统分类

一种广播系统是集成式的(和紧急电话集成在一起),它主要有上位主机、现场功放、扬声器以及监控控制计算机等组成,安装比较简单方便,但放音效果较差而且声音比较小。

一种广播系统是独立式的，它主要要由放音设备(卡座录音机、VCD、DVD、计算机、话筒)、调音台、均衡器、总控箱、分控箱、检测器等组成。这种智能广播系统在交通领域中应用比较广泛，通话质量特好操作简单快捷，能够实时监控到每一台广播分机的工作情况而且可以灵活的监听每个区域的音质、效果。在闲置的时间段里，可以对一些交通信息、会议精神进行广播传达。

2. 广播系统的故障原因分析及排除

广播系统故障原因分析及排除见表8-42。

广播系统故障原因分析及排除 表8-42

常见故障	故障分析及排除方法
广播主机无法开启	1.检查控制计算机和广播主控箱之间的通讯线缆是否有松动和脱落现象 2.检查主控箱的电源是否正常(电源插头是否松动、主控箱的熔断丝等) 3.检查广播功放机的电源是否正常(电源插头是否松动、主控箱的熔断丝等) 4.用广播系统自带的综合检测软件检测总控箱里面每一个回路的继电器是否正常(烧坏、短路等)
监听系统没有声音	1.检查监听是否打开 2.检查监听专用的音响是否正常(电源、音频线、音量) 3.检查音源输出是否正常
×区的广播不响	1.检查功放机是否开启 2.利用该区的检测器检测该区的广播风机是否正常(扬声器的通断、线路音源的检测、线路的通断等)
现场×台广播不响	1.检查扬声器是否正常(扬声器的通断电阻一般在8Ω左右、) 2.检查检测器是否正常(检测器箱内的线缆有无松动、检测器内的继电器有没有烧坏检测器内的电压一般在AC 120V~240V之间)
计算机上广播已经播放但是现场没有声音	1.检查话筒是否正常(电池、话筒线缆、插头等) 2.检查现成的扬声器是否被烧坏(扬声器的线圈电阻一般在8Ω左右) 3.检查扬声器线路是否正常(该线路间的正常电压一般在交流6V~12V之间) 4. 检查现场功放是否正常(先看看功放的电源指示灯亮不亮，然后测量输出端有没有电压)

续上表

异常故障	故障分析及排除方法
监控计算机提示×××广播线路故障	1. 检查广播分机线路(是否有松动、虚接、短路、断路等现象 2. 检查广播主机接线箱内的线缆有没有松动或脱落
计算机不能控制所有设备	1. 检查计算机和广播主机之间的通讯线缆接口有没有松动或脱落现象 2. 检查计算机和广播主机之间的通讯协议是否正确(协议选择、串口的各项配置等)

五、气象检测器的故障原因分析及排除

气象检测器故障原因分析及排除见表8-43。

气象检测器故障原因分析及排除　　表8-43

常见故障	故障分析及排除方法
无法采集数据(监控中心内部)	1. 在监控中心用自带笔记本电脑和串口线、9针转25针的串口线等工具进行现场车检器的控制 2. 进行Model的检测 3. 检测Model的连通要看是否为connect 9 4. 检测Model的连通状态为connect 5或小于9的数值时,表示连接质量不好,有串挠的情况 5. 检测光端机有无死机或损坏
气象检测仪无检测数据	1. 正常情况下,重新启动电源会好的 2. 出现不是正常的情况时,先在计算机中进行检测通信是否完好 3. 检测串口头是否松动 4. 检测串口头是否有虚接 5. 光端机检测 6. 光纤的检测 7. Modem的检测,通信是否完好
Modem故障	1. 运用Modem的设置命令进行设置。内场设置波特率1200、地址00、Modem的状态设置中心为ANSWER、外场的Modem设置为主叫ASK、出现小叫声后就会有Modem的连通状态为connect 9,则好 2. 当连接不为9时,则有传输串挠现象,要检测线路的屏蔽现象。其次检查串口连线是否有松动现象
无数据传回监控中心	1. 主板故障 检查主板上的显示,不正常时应及时更换;便携式计算机串口与气象检测仪端口连接用程序检测是否有数据传出 2. 通信线路故障

续上表

常见故障	故障分析及排除方法
能见度数据不正确	1. 镜头有灰尘污染,清洁镜头或防护罩 2. 接收机或发射机故障,将接收机或发射机送检修站检测
风速风向数据不正常	1. 风杯组件或翼部组件旋转时有摩擦声,更换轴承 2. 电缆破损或接头松动,检测电缆或紧固接头 3. 加热元件损坏,由专门人员和工具拆卸或更换加热元件 4. 电压不正常,检测供电电压
外场电源故障	1. 每到一个地方检查设备,首先检查设备的电源是否正常,电压过高或过低 2. 查看电源板是否有电源,电源灯是否正常 3. 看接线是否完好 4. 外场是否供了电源

六、交通信号灯的故障原因分析及排除

交通信号灯故障原因分析及排除见表8-44。

交通信号灯故障原因分析及排除　　表8-44

常见故障	故障分析及排除方法
无法控制（监控中心内部）	1. 环路检测,本地控制的检测 2. 光纤的检测 3. 光端机检测 4. 检测继电器是否正常 5. 检测光端机有无死机或损坏
环路故障	1. 检测数据库服务器后面的环路连接的灯,来判断环路的连接状态,一般为4个绿灯 2. 出现红灯异常,要检测环路
外场电源故障	1. 每到一个地方检查设备,首先检查设备的电源是否正常,电压过高或过低 2. 查看电源板是否有电源,电源灯是否正常 3. 看接线是否完好 4. 外场是否供了电源

七、PLC控制部分的故障原因分析及排除

PLC控制部分故障原因分析及排除见表8-45。

PLC控制部分故障原因分析及排除 表8-45

常见故障	故障分析及排除方法
软件无法控制隧道设备(监控中心内部)	1.环路检测,本地控制的检测 2.光纤的检测 3.光端机检测
环路故障	1.检测数据库服务器后面的环路连接的灯,来判断环路的连接状态,一般为4个绿灯(西门子设备) 2.出现红灯异常,要检测环路
PWR(电源)灯亮否	如果不亮,在采用交流电源的框架的电压输入端(98－162VAC或195－252VAC)检查电源电压;对于需要直流电压的框架,测量+24VDC和0VDC端之间的直流电压,如果不是合适的AC或DC电源,则问题发生在SR PLC之外。如AC或DC电源电压正常,但PWR灯不亮,检查熔断丝,如必要的话,就更换CPU框架
PWR(电源)灯亮否	如果亮,检查显示出错的代码,对照出错代码表的代码定义,做相应的修正
RUN(运行)灯亮否	如果不亮,检查编程器是不是处于PRG或LOAD位置,或者是不是程序出错。如RUN灯不亮,而编程器并没插上,或者编程器处于RUN方式 且没有显示出错的代码,则需要更换CPU模块
BATT(电池)灯亮否	如果亮,则需要更换锂电池。由于BATT灯只是报警信号,即使电池电压过低,程序也可能尚没改变。更换电池以后,检查程序或让PLC试运行。如果程序已有错,在完成系统编程初始化后,将录在磁带上的程序重新装入PLC
多框架系统中	如果CPU是工作的,可用RUN继电器来检查其他几个电源的工作。如果RUN继电器未闭合(高阻态),按上面讲的第一步检查AC或DC电源如AC或DC电源正常而继电器是断开的,则需要更换框架
如果PLC停止在某些输出被激励的地方,一般是处于中间状态	引起下一步操作发生的信号(输入,定时器,线川,鼓轮控制器等)。编程器会显示那个信号的ON/OFF状态

续上表

常见故障	故障分析及排除方法
如果有输入信号	如果输入信号,将编程器显示的状态与输入模块的LED指示作比较,结果不一致,则更换输入模块。如果发现在扩展框架上有多个模块要更换,那么,在更换模块之前,应先检查I/O扩展电缆和它的连接情况
如果输入状态与输入模块的LED指示指示一致	如果输入状态与输入模块的LED指示指示一致,就要比较一下发光二极管与输入装置(按钮、限位开关等)的状态。如果二者不同,测量一下输入模块,如果发现有问题,需要更换I/O装置,现场接线或电源;否则,要更换输入模块
如信号是线川,没有输出或输出与线川的状态不同	如信号是线川,没有输出或输出与线川的状态不同,就得用编程器检查输出的驱动逻辑,并检查程序清单。检查应按从有到左进行,找出第一个不接通的触点,如没有通的那个是输入,就按第二和第三步检查该输入点,如是线川,就按第四步和第五步检查。要确认使主控继电器步影响逻辑操作
如果信号是定时器	如果信号是定时器,而且停在小于999.9的非零值上,则要更换CPU模块
如果该信号控制一个计数器	如果该信号控制一个计数器,首先检查控制复位的逻辑,然后是计数器信号,按上述2到5部进行
更换框架	1. 切断AC电源;如装有编程器,拔掉编程器 2. 从框架右端的接线端板上,拔下塑料盖板,拆去电源接线 3. 拔掉所有的I/O模块。如果原先在安装时有多个工作回路的话,不要搞乱IU/O的接线,并记下每个模块在框架中的位置,以便重新插上时不至于搞错 4. 如果CPU框架,拔除CPU组件和填充模块,将它放在安全的地方,以便以后重新安装 5. 卸去底部的二个固定框架的螺丝,松开上部二个螺丝,但不用拆掉 6. 将框架向上推移一下,然后把框架向下拉出来放在旁边 7. 将新的框架 从顶部螺丝上套进去 8. 装上底部螺丝,将四个螺丝都拧紧 9. 插入I/O模块,注意位置要与拆下时一致 如果模块插错位置,将会引起控制系统危险的或错误的操作,但不会损坏模块 10. 插入卸下的CPU和填充模块

续上表

常见故障	故障分析及排除方法
更换框架	11. 在框架右边的接线端上重新接好电源接线,再盖上电源接线端的塑料盖 12. 检查一下电源接线是否正确,然后再通上电源。仔细地检查整个控制系统的工作,确保所有的 I/O 模块位置正确,程序没有变化
CPU 模块的更换	1. 切断电源,如插有编程器的话,把编程器拔掉 2. 向中间挤压 CPU 模块面板的上下紧固扣,使它们脱出卡口 3. 把模快从槽中垂直拔出 4. 如果 CPU 上装着 EPROM 存储器,把 EPROM 拔下,装在新的 CPU 上 5. 首先将印刷线路板对准底部导槽。将新的 CPU 模块插入底部导槽 6. 轻微的晃动 CPU 模块,使 CPU 模块对准顶部导槽 7. 把 CPU 模块插进框架,直到二个弹性锁扣扣进卡口 8. 重新插上编程器,并通电 9. 在对系统编程初始化后,把录在磁带上的程序重新装入。检查一下整个系统的操作
I/O 模块的更换	1. 切断框架和 I/O 系统的电源 2. 卸下 I/O 模块接线端上塑料盖。拆下有故障模块的现场接线 3. 拆去 I/O 接线端的现场接线或卸下可拆卸式接线插座,这要视模块的类型而定。给每根线贴上标签或记下安装连线的标记,以便于将来重新连接 4. 向中间挤压 I/O 模块的上下弹性锁扣,使它们脱出卡口 5. 垂直向上拔出 I/O 模块
外场电源故障	1. 每到一个地方检查设备,首先检查设备的电源是否正常,电压过高或过低 2. 查看电源板是否有电源,电源灯是否正常 3. 看接线是否完好 4. 外场是否供了电源

第九章 机电设备维护制度

第一节 维护体制

甘肃省高等级公路的机电维护管理实行省中心、管理处、收费所三级管理模式。甘肃省公路运营中心负责全省高等级公路机电维护管理工作，即负责全省机电维护技术工作的管理、协调，重大故障处理，维护经费审核，负责机电专项工程审核、批准及验收，机电系统关键设备的选型、采购及调拨；负责全省通信网络的维护管理工作；对各级机电维护管理工作的考核，定期组织召开全省机电系统运行质量分析会。

管理处负责本处所辖收费所的机电维护监督管理工作，即负责本处机电维护工作的协调管理，监督所属收费所机电维护计划执行情况，负责机电设备报废审核与审批；统计上报各收费所机电专项工程，监督管理机电专项工程的实施。

各收费所负责本所机电维护管理工作，即负责维护合同签订，制订机电维护管理的各项规章制度；建了健全机电设备技术档案，做好设备基础资料的收集、统计、上报工作；编制、落实和检查维护作业计划和技术措施，定期组织检查安全运行情况，做好预检预测，发现隐患及时处理；对重大故障进行及时处理并上报，维护工作质量的监督和考核；负责机电系统的维护工作管理和对专业化维护公司的维护质量的考核。

第二节 基本维护制度

一、值班和交接班制度

1. 值班要求

为了保证联网收费业务正常运行，对无集中监控管理手段的机房，均24h应有人值班，对已经具备无人值守条件的机房可采用无人值守的维护方式。

2. 对值班人员的要求

(1)应按规定的时间上下班,未经批准不得擅自调换班次或离开岗位。在值班期间不得做与工作无关的事。

(2)值班人员要全面了解本机房各种设备的工作原理、技术标准、应急处理办法。值班期间要尽职尽责,未经上级同意不得随意中断设备运行、关闭或调换设备,不得随意改动系统数据。

3. 交接班的主要内容

(1)查看值班记录,检查机电系统的运行情况。

(2)检查公用工具、仪器仪表是否齐全。

(3)检查机房电源空调设备是否正常,温湿度是否符合要求;防火装置及灭火器是否齐全、良好,告警装置是否正常。

(4)查阅上级新布置的通知和规定事项。

(5)在交接班时所发现的问题均应记入交接班记录簿中,并由交接双方签字。交接班时发生故障,不得进行交接班,接班人员应协同处理至系统恢复或告一段落时再进行交接。

二、维护作业制度

1. 网络系统安全制度

(1)网络升级、软件修改。

在网络升级、软件修改前应作充分的准备,由专业维护公司提出详细的升级(修改)目标、内容、方式、步骤和应急操作方案,报上级主管部门审核批准。一经批准,要坚持双人操作,并在升级(修改)前作好局属各级数据和软件备份工作。当遇紧急情况需要修改或对软件进行升级时,应报上级主管部门批准;升级或修改完毕后应提供详细的操作过程报上级主管部门留底。

(2)口令管理。

对于网络中的各级管理口令,应有各级系统管理员统一管理,注意保密,并定期修改口令。口令设置应符合保密要求。

(3)严格禁止任何人员进行与系统无关的操作和在网络的计算机上玩游戏和播放影碟,并且禁止使用来历不明的光盘、软盘进行系统维护,更不允许值班员对计算机进行解密操作。

2. 设备安全管理制度

(1)定期清理电缆井的污水和淤泥,防止线缆外皮腐蚀引起短路及断路。

(2)不允许收费员或监控员将其与工作无关的东西,放在工作台面。

3. 人员安全管理制度

(1)非维护人员禁止拆卸、调试各种设备。

(2)电力设施的维护人员必须遵守《电业安全操作规程》及有关规章制度。

4. 日常维护与定期维护的规定

为了规范日常维护工作,将本规定的维护内容划分为日、周、月、季和年5个作业等级。

(1)日维护作业内容:对机电设备的外表面进行清洁,检查系统运行是否正常。

(2)周维护作业内容:对机电设备进行现场巡检、保洁。

(3)月维护作业内容:对机电设备和设施进行巡检;有针对性地检查设备机柜的内部状况,并做好清洁工作;有针对性地检查沿途机电设施的完好状况;整理系统数据库文件,并备份相关的数据。

(4)季维护作业内容:对主要设备的技术性能进行检测、校正;对车道主要设备进行全面的保洁。

(5)年维护作业内容:对主要设备和设施的技术性能进行恢复性的维护、调试、校正。

5. 维护工作的分类

机电系统的维护工作分为小修保养、中修工程、大修工程、改建工程、专项工程。

(1)小修保养分为常规保养、常规检查与测试、软件与数据维护、小修等内容。

(2)中修工程主要包括对已损坏系统设备(部件)的更换和修复、应用软件的局部升级、系统局部扩容等工作内容。

(3)大修工程主要包括系统设备的更换、子系统重建和局部扩容等工作内容。

(4)改建工程的工作内容主要包括机电设备的全面扩容、通信系统的改造、应用系统软件的全面升级、供电与照明系统的改造。

(5)专项工程是指在自然灾害时,或其他特殊原因,需要对机电系统进行修复或整修,使机电系统恢复和处于良好的技术状态。

三、故障处理和故障报告制度

各处、所维护部门应建立日常机电维护工作汇报制度,如发生重大故障,应立即逐级向上汇报。

故障处理的基本原则是:先主后次,先收费后监控,最后通信,出口是单车道收费计算机发生故障后,1h 内必须修复,以保证正常的收费。对于重大故障,维护人员应及时通知相关部门处理,同时向上级部门汇报。

各级收费单位根据不同子系统建立故障应急预案,应对突发故障。机电系统维护人员应及时处理故障,并将故障情况逐级向上报告。遇有下列故障,应逐级报告至管理处主管部门。

(1)收费站总电源故障。

(2)站级网络系统故障 30min 以上。

(3)车道收费计算机故障 1h 以上。

遇有下列重大故障,应逐级报告省公路运营中心。

(1)由于重大灾害或总电源中断等原因引起的机电系统故障。

(2)网络系统遭受病毒攻击。

(3)网络系统故障超过 30min 未恢复。

(4)光缆中断。

重大故障处理完毕后,3 日内写出书面专题报告,将故障的现象、原因、处理过程、经验教训等逐级报告至省公路运营中心。各级维护主管部门对本级处理不了的故障、系统问题应立即报告上一级主管部门,上级主管部门应负责逐级处理,直至解决问题。

各处(所)每月应统计所辖路段机电系统发生故障情况,每月上报省公路运营中心。

四、档案和原始记录的管理制度

技术档案、资料和原始记录是进行质量管理、统计分析、作好经常维护工作的重要依据。必须做到记录和统计及时、准确,技术档案和资料应完整,并妥善保管。

机电系统的设备，都应及时建立设备技术资料卡，对设备应统一编号，每年应定期检查，要求做到：账、卡、物一一对应、相符。

1. 机电维护工作原始记录必需的项目

（1）值班日志（包括巡视记录及交接班记录簿）。

（2）设备及部件更换记录，故障记录。

（3）维护作业计划。

（4）设备日常预检和定期检修记录。

（5）软件、数据修改记录。

2. 机电系统维护档案和资料项目

（1）系统设备的说明书、图纸、维护手册。

（2）各种数据和用户数据及系统软件和应用软件。

（3）机房内布线系统图，包括通信系统、收费系统、监控系统、电力及照明等布线系统图。

（4）机房平面图，包括机房分布平面位置、机房内机架及设备所在位置图。

（5）工程技术设计、施工、竣工资料和验收记录等。

（6）各种设备和仪表的机历本。

（7）应急处理方案。

（8）系统重大故障报告及原始记录。

（9）年度检修测试记录。

（10）各种有关规章制度：有关专业的技术维护规程和维护技术指标，业务规程，各种责任制度及其他上级技术主管部门下发的技术文件和有关规定等。

3. 管理制度

各所应指定专人管理技术档案、资料和原始记录，制订有关管理制度，并严格执行。

（1）值班人员使用的技术档案、资料不得携带出机房，应设专柜存放，逐班交接，并制订专人定期检查管理。

（2）借用技术档案、资料应进行登记。

（3）技术档案、资料应珍惜爱护，不得抽取，不得涂写，发现破损应立即修补。

（4）技术档案、资料应长期保管；原始记录，报表及其他有关资料应分月整理成册，集中存放，保管期限一年。

五、仪表、工具管理制度

1. 测试仪表的维护管理

(1)机电系统根据维护工作需要配备相应的仪表。

(2)维护人员必须遵照说明书和有关规定,正确实使用仪表。

(3)测试仪表要经常保持清洁,损坏的仪表或部件应及时检修。

2. 工具的维护管理

(1)维护工具应由专人保管,维护人员要爱护和正确使用工具,经常进行清洁检查,保证完整良好。

(2)常用工具应备有工具箱或工具柜,按位整齐存放,由值班人员交接保管。工具用毕及时放回原处。

(3)专用工具应指定专人管理,成套的专用工具不得拆散使用。

六、备品备件和材料管理制度

根据机电设备的使用年限和已损情况,应有一定数量的备品备件,以供设备调度和故障处理时使用。

备品备件实行专人负责制。建立备品备件的档案,有关备品备件的种类、数量、退回和使用等的详细记录均应记录清楚,做到账物相符。

七、设备报废制度

1. 设备报废条件

(1)国家规定淘汰的老旧设备。

(2)无法修复的设备和修复费用接近新购置价格的。

2. 设备报废申报与审批手续

(1)设备报废时,必须经机电工程师技术鉴定。

(2)单台价值2 000元以上的设备,由各管理处审核,报省公路运营中心审批报废,单台价值2 000元以下的设备,由各收费所报管理处进行审批报废。

(3)报废设备由各收费所进行处理。

第三节　维护项目和周期

一、常规保养、常规检查与测试工作的主要项目和周期

常规保养、常规检查、常规测试的主要项目和周期见表9-1、表9-2、表9-3。

常规保养的主要项目和周期　　表9-1

序号	项　目	周期	备　注
1	设备保洁与数据的备份	日	室内设备，包括收费车道亭内设备
2	收费亭外设备	周	保洁周期
3	监控系统外场设备	季	保洁周期
4	光电缆管道、支架，无线塔架	年	试通维修，井清扫、排水为半年
5	外场设备箱体、门架与灯架	年	除锈、油漆
6	低压电器装置(包括不间断电源)	年	可结合维修进行

常规检查的主要项目和周期　　表9-2

序号	项　目	周期	备　注
1	设备的参数、功能与工作状态	日	检查或巡视
2	通信设备总机自检	周	工作状态与自检
3	闭路电视设备	周	观察、检查，具体见单项检查
4	通信线路与通信质量	月	试验
5	应用软件功能及收费、监控外场设备	月	检查
6	变压器与低压开关柜装置	月	观察
7	发电机、灯具、电力电容器和防雷装置	月	观察
8	备品、备件	月	检查
9	供配电线路	季	检查

常规测试的主要项目和周期　　表 9-3

序号	项目	周期	备注
1	系统目录和文件的维护	月	整理
2	通信设备工作电压与维护终端	月	测试
3	调制解调器发送电平和接收灵敏度	季	检测
4	无线通信设备发射功率、接收灵敏度	季	检测
5	备品、备件	季	按规定进行必要的检测
6	传输设备通路特性与误码率	年	检测
7	光缆接头、全程衰耗,电缆绝缘电阻	年	检测
8	光端机发送功率、接收灵敏度、误码率	年	检测
9	车辆检测线圈电感量、绝缘电阻	年	检测
10	接地电阻	年	检测

二、监控系统主要项目和周期

监控系统主要项目和周期见表 9-4 ~ 表 9-11。

地图屏定期维护的主要项目和周期　　表 9-4

序号	项目	周期	备注
1	日期显示检查	日	键入命令观察
2	气象显示	日	键入命令观察
3	道路动态光带显示	日	检查、观察
4	可变限速标志状态显示	日	地图屏或 CRT 上观察
5	亮度、色彩均衡和图像的清晰度	周	观察
6	可变信息标志复示信息	周	观察地图屏上的复示信息板
7	设备除尘	周	保洁
8	车辆检测器交通状态参数检测	周	地图屏或 CRT 上观察
9	线缆与接插件	周	检查
10	电源测试	月	万用表测试
11	时间显示调整	月	修正
12	自检功能检查	季	键入自检命令
13	紧急电话摘、挂机信息显示	季	试验观察
14	地图屏其他功能显示	季	试验观察
15	绝缘电阻测试	年	500V 兆欧表测试
16	接地电阻测试	年	接地电阻测定仪

投影显示屏定期维护的主要项目和周期 表 9-5

序号	项目	周期	备注
1	亮度一致性	日	观察
2	色彩	日	观察
3	分辨率	日	观察
4	设备清扫除尘	周	保洁
5	线缆与接插件	周	检查
6	经图像拼接控制器的视频图像	月	试验
7	经 RGB 矩阵切换器的 PC 信号质量	月	试验
8	经网络的 PC 信号质量	月	试验
9	对视频矩阵的调用、切换	月	试验
10	开关视频、PC 信号窗口	月	试验
11	电源测试	月	万用表测试
12	窗口缩放、移动、多视窗显示等	季	试验
13	图像参数调整	季	试验
14	图像预案管理	季	试验
15	图像源管理	季	试验
16	自检功能	季	试验
17	绝缘电阻测试	年	500V 兆欧表测试
18	接地电阻测试	年	接地电阻测定仪测试

外场控制设备定期维护的主要项目和周期 表 9-6

序号	项目	周期	备注
1	浪涌保护器检查	月	夏季雷雨季节应及时检查
2	加热器或散热器检查	月	冬季或夏季进行
3	电源测试	月	万用表测试
4	数据采集周期	季	用便携机在区域控制器上检查
5	发送控制命令时延	季	试验
6	独立运行功能测试	季	试验
7	通信功能	季	试验
8	自检功能检查	季	键入自检命令
9	传输性能测试	季	测试

续上表

序号	项　目	周期	备　注
10	连接线缆和接插件	季	检查
11	设备清扫除尘	季	测试
12	紧固螺(栓)丝和箱体	年	检查
13	绝缘电阻测试	年	500V 兆欧表测试
14	接地电阻测试	年	接地电阻测定仪测试

车辆检测器定期维护的主要项目和周期 表 9-7

序号	项　目	周期	备　注
1	加热器检查	月	冬季进行
2	浪涌保护器检查	月	夏季雷雨季节应及时检查
3	电源测试	月	万用表测试
4	传输性能测试	季	测试
5	设备清扫除尘	季	保洁
6	车速检测误差测试	季	与手持式测速器测试相对照
7	车流量检测精度测试	季	与人工测试相对照
8	检测线圈绝缘电阻	年	绝缘电阻测试仪测试
9	检测线圈电感量	年	电感量测试仪测试
10	设备自检检查	年	键入自检命令
11	紧固螺(栓)钉,箱体和接插件检查	年	发现问题,及时处理
12	电源保险丝检查更换	年	损坏时及时更换
13	绝缘电阻测试	年	500V 兆欧表测试
14	接地电阻测试	年	接地电阻测定仪测试

外场信息显示设备定期维护的主要项目和周期 表 9-8

序号	项　目	周期	备　注
1	显示内容、传输命令发送和复示	周	键入命令观察
2	浪涌保护器检查	月	雷雨季节应及时检查
3	电源测试	月	万用表测试
4	自检功能	季	键入命令观察
5	传输性能测试	季	测试
6	显示屏亮度检查	季	亮度计检测

续上表

序号	项 目	周期	备 注
7	光控功能	季	试验
8	设备清扫除尘	季	保洁
9	视认距离检查	年	现场观察
10	电源熔断丝检查、更换	年	损坏时及时更换
11	箱体检查,紧固螺钉和接插件	年	发现问题,及时处理
12	支架维护	年	除锈、涂漆处理,紧固螺(栓)钉
13	绝缘电阻测试	年	500V 兆欧表测试
14	接地电阻测试	年	接地电阻测定仪测试

气象检测仪定期维护的主要项目和周期 表 9-9

序号	项 目	周期	备 注
1	浪涌保护器检查	月	夏季雷雨季节应及时检查
2	通信功能检查	月	中控室 CRT 及地图屏上观察
3	电源测试	月	万用表测试
4	传输性能测试	季	测试
5	检查电池	季	日历钟不准时,应及时更换电池
6	连接线缆和接插件	季	检查
7	设备除尘、清洁	月	保洁
8	道路传感器校准	需要时	用配套校准器进行校准
9	传感器等校准	年	用配套校准器进行校准
10	风速仪和风向标检查	年	通过目测和旋转进行检查,必要时更换轴承和垫圈
11	接地电阻测试	年	用接地电阻测定仪测试
12	箱体检查,紧固螺钉和接插件	年	发现问题,及时处理
13	绝缘电阻测试	年	500V 兆欧表测试
14	支架维护	年	除锈、涂漆处理,紧固螺钉

闭路电视系统定期维护的主要项目和周期 表 9-10

序号	项　　目	周期	备　　注
1	监视器画面图像质量	日	观察
2	录像功能	周	试验
3	接入图像工作站功能	周	监控分中心的 CRT 上检查
4	摄像机视距检查	周	观察
5	云台转动功能	周	试验,及时加注润滑油
6	除霜、雨刷、变焦功能	月	试验、观察
7	视频切换检查	月	试验
8	避雷针检查	月	雷雨季节应及时检查
9	镜头、设备清洁和除尘	月	保洁
10	电源测试	月	万用表测试
11	录像机清洁、调整	季	除尘与调节
12	编解码器	季	
13	视频切换器	季	
14	视频光端机发送功率	年	用光功率计测试
15	视频光端机接收灵敏度	年	用光功率计测试
16	图像画面的灰度	年	用综合测试卡进行测试
17	数据光端机传输误码率	年	用误码率测试仪测试
18	箱体检查,紧固螺钉和接插件	年	发现问题,及时解决
19	立杆、爬梯、机架、工作台	年	除锈、涂漆及维护
20	绝缘电阻测试	年	500V 兆欧表测试
21	接地电阻测试	年	接地电阻测定仪测试

隧道监控系统定期维护的主要项目和周期 表 9-11

序号	项　　目	周期	备　　注
1	设备工作状态检查	日	在地图屏和工作站上观察
2	电量参数与电气开关状态的显示	日	在地图屏和工作站上观察
3	机房及设备清扫、除尘	日	保洁
4	交通信号控制及显示功能	日	试验、观察
5	报表打印	周	观察、检查是否能正确打印
6	一氧化碳浓度、烟雾透过率等环境检测装置	周	观察

续上表

序号	项目	周期	备注
7	广播通信和控制	周	实际操作
8	供配电主开关控制功能	月	实际操作
9	风机控制功能	月	实际操作
10	消防喷淋系统的控制功能	月	实际操作
11	隧道照明与控制功能	月	实际操作
12	设备线缆、接插件和固定螺(栓)钉检查	月	检查、观察
13	车辆超高检测器性能	月	试验
14	计算机软件的测试	年	测试
15	绝缘电阻测试	年	500V 兆欧表测试
16	接地电阻检测	年	接地电阻测定仪测试

三、收费系统主要项目和周期

收费系统主要项目和周期见表9-12、表9-13。

收费车道亭内设备定期维护的主要项目和周期 表9-12

序号	项目		周期	备注
1	收费亭及设备除尘		日	保洁
2	线路检查、接插件紧固		月	观察、检查,及时调整、紧固
3	数据保存、备份		月	数据磁带
4	电源测试		月	万用表测试
5	发卡机保养	IC卡	周	检查驱动胶轮,如有油污应清洁
			2周	检查紧固件,更换或清洗卡刷
			季(或30万次)	更换主驱动胶轮
			半年(或50万次)	更换送卡胶轮,并检查内齿磨损情况
		磁卡	周	清洗磁头,清理纸屑,调整传感器、跳板
			月	更换色带,齿轮上油
			季	磨切刀
			年	更换同步马达、切刀

续上表

序号	项目		周期	备注
6	报警系统		周	检查
7	摄像机保洁		周	镜头清洁、机身除尘
8	读卡机保洁	IC卡	周	IC卡读卡机清洁
		磁卡	周	内部清洁，清洁液清洗磁头、传感器
			季	调整传送带
9	车道控制器、天线控制器保洁		月	箱内除尘、风扇清洁
			季	车道控制器空气过滤器清洁
			年	车道控制器空气过滤器更换
			年	接插件紧固、接口清洁2次
10	通风设备		季	检查
11	计算机内部清洁		季	内部保洁
12	票据打印机		季	清洁，及时更换色带
13	计算机软件功能测试		半年	测试，软件修改后应立即测试
14	专用键盘内部触电		半年	清洁
15	外部设备信号传输功能测试		年	测试
16	对讲录音设备备份保存记录		周	备份保存
17	对讲系统性能		月	试验、测试、调整
18	对讲录音设备		月	保洁
19	绝缘电阻测试		年	500V兆欧表测试
20	接地电阻测试		年	接地电阻测定仪测试

收费车道亭外设备定期维护的主要项目和周期　　表9-13

序号	项目	周期	备注
1	车道设备保洁	日	保洁、除尘(包括费额显示器、雾灯、雨棚信号灯、车道通行灯等)
2	电动栏杆限位精度校准	周	观察、校准
3	摄像机	周	机身保洁、角度调整、镜头清洁
4	线路检查、接插件紧固	月	观察、调整

续上表

序号	项　目	周期	备　注
5	电动栏杆	月	紧固、加润滑油
6	手动栏杆	月	加润滑油
7	电源测试	月	万用表测试
8	环形线圈车辆检测器	季	线圈电感量、绝缘电阻、功能测试
9	路侧读写单元(RSU)与天线控制器的检查	季	雷雨季节,应适当增加检查次数
10	设备搭铁测试	年	接地电阻测定仪测试
11	绝缘电阻测试	年	500V 兆欧表测试
12	外场附属设备	年	防腐、涂漆

四、通信系统主要项目和周期

通信系统主要项目和周期见表 9-14 ~ 表 9-24。

数字传输系统定期维护的主要项目和周期　　表 9-14

序号	项　目	周期	备　注
1	机房温、湿度检查	日	每天交接班时检查记录
2	电源和设备状态显示检查	日	每天交接班时检查记录
3	PDH 传输系统误码性能监测	日	包括误码秒(ES)、严重误码秒(SES)事件次数,误码计数、误码率(BER)和不可用时间等
4	PDH 传输系统各类告警记录	日	
5	SDH 传输系统误码性能监测	日	包括误码秒(ES)、严重误码秒(SES)事件次数,误码计数、误码率(BER)和不可用时间等
6	SDH 传输系统各类告警记录	日	
7	机房与设备保洁、除尘	周	设备表面清扫除尘
8	公务联络系统呼叫试验	月	
9	网管数据备份	季	数据修改后和网管系统升级前应及时做好数据备份

续上表

序号	项　目	周期	备　注
10	清扫或更换滤尘网	半年	
11	主、备用(或保护)倒换试验	半年	
12	发送或接收光功率测试	半年	网管无此功能可不测
13	机顶、走线架、配线架及机框内部清扫除尘	年	
14	VC-12 通道误码性能测试	年	每个 STM-1 抽测一个 VC-12 通道,在线测试 24h
15	VC-4 通道误码性能测试	年	每个 STM-1 抽测一个 VC-4 通道,在线测试 24h
16	防雷和接地检查	年	防雷装置和接地电阻测定仪测试

光(电)缆传输线路定期维护的主要项目和周期　　表 9-15

序号	项　目	周期	备　注
1	光(电)缆线路巡视检查	季	
2	尾纤(缆)、终端盒、配线架外观检查	月	
3	人孔内检查	半年	线缆及有否积水、垃圾
4	光纤通道后向散射信号曲线测试检查	年	OTDR 测试
5	电缆绝缘电阻测试	年	绝缘电阻测试仪抽测 10% 芯线
6	光(电)缆防雷和接地装置检查	年	

数字程控交换机定期维护的主要项目和周期　　表 9-16

序号	项　目	周期	备　注
1	机房温度、湿度检查	日	每天交接班时检查记录
2	中继闭塞状态检查	日	每天交接班时检查记录
3	设备告警显示状态检查	日	每天交接班时检查记录
4	计费状态观察、记录	日	每天交接班时检查记录
5	主机及外围设备运行情况检查	日	每天交接班时检查记录

续上表

序号	项　　目	周期	备　　注
6	设备和电路变更情况检查	日	每天交接班时检查记录
7	交换机工作电压检查	周	
8	话务量、服务质量观察及统计分析	月	
9	防尘滤网除尘或更换	月	
10	磁带机清洁	月	
11	系统时间核准	月	
12	系统后备磁带(光盘)制作	月	
13	计费磁带(光盘)制作	月	
14	告警记录统计分析	月	
15	告警性能测试检查	季	
16	设备表面和机房环境清洁	季	
17	中继线电路测试	季	
18	迂回路由测试	季	
19	I/O 设备诊断测试	季	
20	话务限制功能检查	年	
21	障碍自动诊断功能检查	年	
22	业务功能检查	年	参照各机型的有关规定进行
23	局数据核对检查	年	
24	计费差错率检查	年	用大话务量测试仪测试
25	信号音电平测试	年	
26	散热风扇检查	年	
27	接地电阻检查	年	

IP 网络设备定期维护的主要项目和周期　　表 9-17

序号	项　　目	周期	备　　注
1	机房温、湿度检查	日	
2	网络设备工作电压检查	日	每天交接班时检查记录
3	设备运行情况和网络运行数据检查	日	每天交接班时检查记录

续上表

序号	项　目	周期	备　注
4	网络设备告警显示检查	日	每天交接班时检查记录
5	网络安全管理日志检查	日	每天交接班时检查记录
6	路由器的路由表和端口流量检查	日	每天交接班时检查记录
7	交换机的 VLAN 表和端口流量检查	日	每天交接班时检查记录
8	网络安全状态分析处理	周	在发现遭到非法攻击时必须及时采取措施
9	磁带机或其他数据记录设备清洁	月	
10	系统和用户数据备份	月	后备磁带(光盘)制作,在数据修改后和网管系统升级前应及时做好数据备份
11	告警记录和网络运行数据统计分析	月	
12	设备防尘滤网除尘或更换	月	
13	散热风扇检查	季	
14	设备表面和机房环境清洁	季	
15	告警性能测试检查	季	
16	接地电阻检查	年	用接地电阻测定仪测试

计算机设备定期维护的主要项目和周期　　表 9-18

序号	项　目	周期	备　注
1	硬件设备运行状况检查,并记录	日	每班检查、记录
2	机房设备的除尘、清扫	日	保洁
3	系统时钟	日	检查
4	设备功能与工作状态检查	月	路由器、网络交换机宜采用专用动态监控软件
5	数据保存、备份设备整理	月	清理、更换存储介质
6	线路检查、紧固接插件	月	检查调整

续上表

序号	项目	周期	备注
7	计算机、打印机、存储设备等设备保养	季	打印测试、机件润滑
8	设备的避雷性能与接地电阻检查	年	测试

计算机系统软件定期维护的主要项目和周期 表 9-19

序号	项目	周期	备注
1	数据备份	日	增量备份
2	计算机软件功能测试	月	试验
3	日志检查	月	查看与分析
4	数据库检查	月	
5	记录异常情况,处理、系统优化与调整	随时跟踪	
6	系统软件	及时	升级、补丁程序安装
7	防病毒软件	及时	升级

机房定期维护的主要项目和周期 表 9-20

序号	项目	周期	备注
1	机房除尘、清扫保养	日	保洁
2	温、湿度检查	日	观察温度计、湿度计
3	供电系统的检查	月	观察、测试
4	火灾报警器检测	季	试验
5	空调系统的维护	年	除尘、保洁、调试
6	防雷装置和接地电阻检测	年	检查、测试、更换
7	噪声测量	年	必要时进行
8	电磁场场强测试	年	必要时进行

计算机网络安全定期维护的主要项目和周期　　表9-21

序号	项　目	周期	备　注
1	检查网络管理平台	日	网管软件或工具
2	网络连接状况	日	测试
3	检查入侵情况	日	掌握系统安全状况
4	检查防火墙日志	日	了解重大安全事件
5	IP地址管理	日	宜采用专门软件,及时进行IP地址测试,检测非法用户
6	检查重要服务器安全审计	周	
7	检查中心路由器日志	周	
8	检查查看网络访问策略	月	
9	远程访问报告	月	
10	对外访问报告	月	
11	网络安全评估	季	服务器、工作站、其他设备
12	年度报告	年	

主机系统安全定期维护的主要项目和周期　　表9-22

序号	项　目	周期	备　注
1	服务器物理运行状况	日	观察
2	服务器系统日志检查	日	事件、安全查看器、审计分析器
3	应用系统运行状况	日	测试
4	服务器后台服务启动情况	周	查看
5	服务器用户账号、权限检查	周	查看
6	系统运行状况报告	周	提交报告
7	操作系统维护	月	分析、安装补丁程序或升级
8	服务器外设查看	月	光驱、USB接口、其他接口
9	主机系统扫描	月	全面评估报告
10	服务器口令更改	季	安全策略模板
11	年度报告	年	提交全面分析报告

数据库安全定期维护的主要项目和周期　　表9-23

序号	项　目	周期	备　注
1	检查数据库服务器运行状况	日	系统查看
2	数据库日志	日	分析查看
3	用户账号、权限	周	审计
4	增量备份	周	备份管理系统
5	应用系统运行状况报表	周	数据库访问分析
6	数据库系统检测	月	补丁升级
7	全备份	月	数据全备份
8	系统全备份	季	服务器系统全备份
9	用户口令	季	更改,策略模板
10	年度报告	年	全面分析报告

病毒防范系统定期维护的主要项目和周期　　表9-24

序号	项　目	周期	备　注
1	工作站、服务器及控制台病毒报警	日	查看控制台
2	工作站病毒代码日期显示	日	查看控制台
3	日志查看	日	查看控制台
4	病毒服务器运行状况	日	观察
5	查看病毒公告	日	上网浏览
6	内部病毒公告提示	日	发送邮件
7	抽查工作站病毒状况	周	可安装杀毒软件,自动检查
8	每周报表统计	周	控制台
9	查看相关安全系统日志	周	防火墙、入侵检测
10	月度报告	月	系统运行情况
11	病毒重点用户培训	月	重点用户病毒防范意识
12	防病毒软件引擎升级	年	测试
13	年度报告	年	全面总结

五、供电与照明系统主要项目和周期

供电与照明系统主要项目和周期见表9-25～表9-36。

高压开关柜维护的主要项目和周期　　表 9-25

序号	项目	周期	备注
1	有值守变配电所巡视并记录	班	每年一次或每次短路跳闸后进行定期维修
	无人值守变配电所（包括箱式变电站）	月	
2	高压开关电器	半年	隔离开关、断路器、负荷开关、熔断器的检查

变压器维护的主要项目和周期　　表 9-26

序号	项目	周期	备注
1	变压器的声响	日	观察、听是否正常
2	变压器升温检测	日	按变压器的要求
3	油枕和气体继电器的油位及油色检查	日	目测
4	各密封连接处检查	日	目测有无渗油和漏油现象
5	瓷套管检查	日	目测是否清洁、破损、裂纹和放电痕迹
6	变压器负荷检查	日	中性点电流不可超过额定相电流的 25%
7	冷却、通风装置检查	日	观察
8	配电装置周围	日	观察有无不安全或异常现象
9	高低压接线检查	周	螺栓是否紧固，用变色漆和示温蜡检查有无接触不良和发热现象
10	夜间检查	周	观察
11	变电所场地环境巡查	月	观察
12	变压器和避雷器绝缘保护和放电试验	两年	宜由电业部门进行
13	接地装置检查	月	接地连接处有无松动、脱落、断线
14	接地电阻测试	年	接地电阻测定仪测试

低压配电设备维护的主要项目和周期 表9-27

序号	项 目	周期	备 注
1	检查母线及接头的温度	日	用变色漆、示温蜡检查
2	绝缘瓷瓶	日	目测有无破损及放电痕迹
3	电缆及其终端头	日	目测有无漏油或其他异常现象
4	熔断器	日	目测熔体是否熔断或变形，熔管有无破损和放电痕迹
5	低压配电室的通风、照明及安全防火装置	周	观察
6	配电装置周围情况	周	观察有无不安全或异常现象
7	无功功率电容器	周	检查与维护
8	二次系统的设备工作状况	月	如仪表、继电器，以及电力监控远程终端等
9	接地装置检查	月	保护导体和保护中性导体的连接处有无松脱、断线等
10	接地电阻测试	年	接地电阻测定仪测试
11	供电设备检修	年	更换已损器件，消除隐患

箱式变电站维护的主要项目和周期 表9-28

序号	项 目	周期	备 注
1	巡视检查	日	日常检查
2	清扫除尘	月	保洁
3	维护保养	季	维修
4	预防性试验	二年	送检

供电线路定期维护的主要项目和周期 表9-29

序号	项 目	周期	备 注
1	架空线路巡查和维护	月	观察
2	电缆线路巡查和维护	月	检修
3	管道和人井维护	半年	雨季应及时排水
4	线路检修	半年	春、秋检，可由电业部门专门检修
5	预防性试验	一年	测试

照明设备定期维护的主要项目和周期　　表9-30

序号	项目		周期	备注
1	灯具与光源	巡视检查	月	观察、发现损坏更换
		清扫与检修	半年	保洁与维修
		钢杆防腐	5年	除锈、涂漆
2	高杆灯	巡视检查	月	观察、更换
		灯架防腐	2月	损坏时更换
		清扫与检修	0.5~1年	保洁与维修
		升降器检修	半年	检查与维修
3	照明配电箱	巡视检查	月	观察、更换
		清扫与检修	半年	更换、紧固、涂漆
		检测光控、时控	半年	损坏后及时更换
		测试接地电阻	年	接地电阻测定仪测试

交流稳压器定期维护的主要项目和周期　　表9-31

序号	项目	周期	备注
1	巡视检查	月	升温、电压检查
2	除尘保洁	季	消除灰尘、污垢
3	电器检查	季	使用机械式交流稳压器时,需对碳刷、减速器进行检查、校正位置,对链轮校正、加油等

不间断电源定期维护的主要项目和周期　　表9-32

序号	项目	周期	备注
1	日常检查和除尘	日	外观检查和保洁
2	蓄电池组和浮充电压值	周	测量和记录
3	蓄电池的充放电电流	周	测量和记录
4	三相输出电压	周	测量和记录
5	三相输出线电流	周	测量和记录
6	输出电压精度	月	测量和记录
7	频率精度	月	测量和记录
8	告警试验	季	试验和调整

续上表

序号	项　目	周期	备　注
9	备用时间	年	试验，有问题时更换蓄电池
10	接地电阻检查	年	接地电阻测定仪测试
11	保洁、除尘及年检	年	停电检修
12	全面停电保养性维护	三年	将供电系统置于完全停电状态，检查所有的输入、输出电力电缆及其连接端子

外场电源箱定期维护的主要项目和周期　　表9-33

序号	项　目	周期	备　注
1	日常巡视检查	月	外观检查
2	定期维护	年	保洁维修
3	开关与熔丝	月	定期检查，及时更换
4	接地电阻检测	年	接地电阻测定仪测试

蓄电池定期维护的主要项目和周期　　表9-34

序号	项　目	周期	备　注
1	日常检查维护	周	观察表面是否清洁，有无腐蚀漏液现象
2	检查充电电压	月	测量
3	检测端电压	月	最大电压差超过50mV时进行一次均衡充电，及时更换电压和温度异常的单体蓄电池。 非干式电池应检查其电解液
4	蓄电池放电	季	
5	检查加固连接螺钉	半年	防止松动、接触不良引发故障

太阳能电源定期维护的主要项目和周期　　表9-35

序号	项　目	周期	备　注
1	太阳能电源检查	季	测量工作电压
2	太阳能板除尘、保洁	季	可根据环境条件调整清扫周期

柴油发电机组定期技术维护的主要项目和周期　　表 9-36

序号	项　目	周期	备　注
1	常规保养	日	日常检查,每周开机一次,每次 1h
2	日常维护	日	班保养,应按设备需要进行发动试验
3	一级技术保养	月	累计工作 100h 或一个月检修
4	二级技术保养	半年	累计工作 500h 或半年检修
5	三级技术保养	年	累计工作 1000 ~ 1500h 或一年检修

第四节　考核与奖惩

为了全面提高机电系统的管理水平,每年对各收费所机电维护工作进行检查考核。专业维护公司工作的考核,由各收费所负责制订考核办法。考核内容主要是机电系统运行状况和维护经费使用情况。省中心每半年对机电系统进行一次全面检查。考核时按不同机电系统设备运行标准进行。根据考核结果,按有关办法对管理单位和维护单位予以奖励或处罚。

第十章 收费礼仪

第一节 礼仪的概念

一、礼仪的概念

礼仪是一整套规范化的人际交往的标准,以相对固定的程序或方式来表示尊重对方以及获得对方尊重;是一个人内在素质的体现;也是一个单位外在形象的展现;更是一个社会精神文明的象征!

从个人的角度来看,礼仪是一个人内在修养的外在体现,通过言谈举止,可以将一个人的涵养、素质、才华充分展现在人们面前,给人以全面的印象。通过礼仪方面的训练,可以提高个人素质、美化个人形象,使之更容易被人接受。

从交际的角度来看,礼仪是一种人际交往的方式和技巧,是用一些规范化的习惯做法在人际交往中传达一份尊重和友好的方式。好的礼仪是一种交往的艺术,是人际关系的润滑剂,可以有效地、迅速地达到沟通和理解的目的,从而改善人际关系。

从行业的角度来看,礼仪是一个行业外在形象的具体展现,是行业文化的重要内容。一个优秀的行业,所展现的良好形象是提高竞争力、促进行业发展的有效保证,更是得到社会认知的关键。

从社会的角度来看,礼仪是提高国民素质、加强社会沟通、促进社会精神文明发展的重要保证。在整个社会经济建设的过程中,人与人之间有效的沟通、相互的理解、互相的尊重都会促进和谐社会的构建,从而促进经济发展。因此,礼仪的学习,不仅是一种时代潮流所需,更是改善面貌、提升形象的现实所需。

二、高等级公路服务礼仪

服务礼仪是窗口行业的重要体现,高等级公路服务礼仪展示出公路服务文化的风貌。通过礼仪文化建设，可充分展示高速公路职工队伍的文明形象，以“立足车户满意，奉献一流服务”为宗旨，提高服务水平和质量，建设服务型组织，培养良好作风。各收费窗口普遍推行礼貌用语，推行诚信、微笑服务，并根据高等级公路工作的性质和特点，实行半军事化管理，举行队列仪式、敬礼仪式和统一着装等，以各种礼仪来丰富高速公路文化建设的内涵。通过对征费人员的服务礼仪培训，制订出简明易记、量化考核的仪容仪表、文明用语规范和岗位行为规范，促进高等级公路服务礼仪发展。

第二节　高等级公路收费人员仪态标准

一、外在仪表

(1)面容整洁、大方、舒适。

(2)精神集中，眼睛明亮有神，精神饱满不显疲倦。

(3)保持口腔卫生、牙齿清洁。

(4)指甲不能过长，保持干净；除肉色颜色外，不能染其他颜色指甲油。

(5)男同志留小分头或平头，不准流长发、胡须、长鬓角和染彩发或烫发。

(6)女同志不准染彩发或烫蓬松发型，头发统一扎起盘于发套内，上班不准佩戴耳环、耳钉、项链、戒指、手镯。

(7)女同志上岗必须化淡妆，容貌美观自然，化妆与工作环境相协调，不浓妆艳抹。

二、着装规范标准

(1)收费人员统一穿着制服上岗，并且保持制服干净、整洁。

(2)统一穿黑色皮鞋，保持光亮，鞋和袜子颜色协调。

(3)衣帽整洁，标志、证件齐全，佩戴正确。

(4)着春秋装必须穿制式衬衣，不得穿花色(格)衬衣、秋衣或运动服，不得系规定以外颜色的领带。

(5)岗亭外执行公务，必须衣帽整齐。

(6)上岗作业不披衣敞怀、挽衣袖、卷裤腿、穿拖鞋(女性不穿梭跟鞋及时装鞋)、赤脚,不用帽子煽风、消凉,不围围巾。

(7)不穿便装上岗,制服不与便装、其他制服混穿,不混穿不同季节的服装。

(8)室内作业一律脱帽,室外必须戴帽。

(9)警卫人员值勤时,必须衣帽整洁,扎系武装带,规则为:扎在制服上衣最下两粒衣扣之间,系紧不得下垂,背带左肩右斜插在肩牌下,如有对讲机必须配挂在腰间武装带上。

三、姿态标准

1. 标准坐姿

坐是举止的主要内容之一,生活中无论是伏案学习、参加会议、会客交谈、娱乐休息都离不开坐。坐,作为一种举止,同样有美与丑、优雅与粗俗之分。正确的坐姿要求端正,舒展大方。

正确的坐姿为:

(1)入座时要轻要稳。走到座位前,转身后,轻稳地坐下。女子入座时,若是裙装,应用手将裙稍稍拢一下,不要坐下后再站起来整理衣服。

(2)嘴唇微闭,下额微收,面容祥和自然。

(3)双肩平正放松,两臂自然弯曲放在腿上,亦可放在椅子或是沙发扶手上,在收费岗亭时可放在桌面上,掌心向下。

(4)坐在椅子上,要立腰,上体自然挺直。

(5)双膝自然并拢,双腿正放或侧放,双腿并拢或交叠,男士坐时可略分开。

(6)坐在椅子上,应至少坐满椅子的三分之二,脊背轻靠椅背。

(7)离座时,要自然稳当,右脚向后收半步,而后站起。

(8)谈话时或接待驾驶人员时可以有所侧重,此时上体与腿同时转向一侧(面向谈话人)。

应纠正的不良坐姿:

(1)坐时不可前倾后仰,或是歪歪扭扭。

(2)两腿不可过于叉开,也不可长长地伸开。

(3)坐下后不可随意挪动椅子。

(4)腿脚不可不停地抖动。

(5)不可将椅子向后翘起。

2. 标准站姿

站立是人们生活交往中的一种最基本的举止。站姿是人体的静态造型,优美而典雅的造型,是优雅举止的基础。

正确的站姿应为:

(1)头正,双目平视,嘴唇微闭,下额微收,面容平和自然。

(2)双肩放松,稍向下沉。人体有向上的感觉。

(3)躯干挺直,做到挺胸、收腹、立腰。

(4)双臂自然下垂。

(5)双腿立直。

常用的两种站姿为:

(1)标准站姿。

肃立:身体立直,双手置于身体两侧,双腿自然并拢,脚跟靠紧,脚掌分开呈"V"字形。

(2)搭手站姿。

直立:身体主直,右手搭在左手上,贴在腹部,两腿并拢,脚跟靠紧,脚掌分开呈"V"字形。

在收费站值勤期间,一般情况下宜采用标准站姿和搭手站姿。

3. 标准走姿

步态属动态美,凡是协调稳健、轻松敏捷的步态都会给人以美感。从大的方面说,收费员的步态,代表着高等级公路职工的精神风貌;从小的方面看,正确的步态可以表现出一个人朝气蓬勃、积极向上的精神状态,呈现出一种健美的姿态,会给人留下美好的印象。正确的步态应为:

双目向前平视,微收下额,面容平和自然;双肩平稳,双臂前后自然摆动,前摆向里折35°,后摆向后约45°,双肩不要过于僵硬;上身挺直,头正,挺胸,收腹,立腰,重心稍前顷。

应注意:两只脚的内侧落地后的线迹应在一条直线上,步幅适当,一般应该是前脚的脚跟与后脚的脚尖相距为一脚长,但因性别不同和身高不同会有一定差异。步幅与服饰也有关,如:女士穿裙装和穿高跟鞋时步幅应小些,穿长裤时步幅可大些。跨出的步子应是全脚掌着地,膝和脚腕不可过于僵直,从容不迫,控制自如。

第三节 高等级公路服务礼仪标准

一、微笑服务标准及要求

1. 微笑服务

微笑服务是指微笑要发自内心，热情、灿烂，具有亲和力，脸上表情亲和、自然，目光柔和优美，声音悦耳动听，使人彼此易于拉近距离，让人感到和蔼可亲。

2. 面部表情标准

(1)面部表情和蔼可亲，微笑自然流露，具有磁性的魅力；微笑注重微字，笑的幅度不易过大。

(2)微笑时真诚、甜美、亲切、善意，充满爱心，发自内心，自然大方。

(3)微笑口眼结合，嘴唇、眼神含笑，眼神、眉毛、嘴巴、表情协调动作来完成。

3. 眼睛眼神标准

(1)眼睛是心灵的窗户。心灵有了亲和力，就自然会发出神采奕奕的眼光，就很容易形成具有磁性的眼神，这样可以拉近与驾乘人员间的距离。

(2)面对驾驶人员要目光友善、眼神柔和，亲切坦然，眼睛和蔼有神，自然流露真诚。

(3)眼睛礼貌正视驾驶员，不左顾右盼。

4. 眼神要求

(1)眼神的集中度：不要将目光聚集在驾乘人员脸上的某个部位，而要用眼睛注视于驾乘人员脸部三角区部位，即以双眼为上线，嘴为下顶角，也就是双眼和嘴之间。

(2)眼神的光泽度：精神饱满，在亲和力理念下保持慈祥的、神采奕奕的眼光，再辅之以微笑和蔼的面部表情。

(3)眼神的交流度：迎着驾乘人员的眼神进行目光交流，传递对驾乘人员的敬意与友好善良之心。在驾驶员打开车窗后开始用眼睛注视着对方，约3s后将视线移开。

5. 声音语态标准

(1)声音要清晰柔和、细腻圆滑,语速适中富有甜美悦耳的感染力。

(2)语调平和,语音厚重温和。

(3)说话态度诚恳,语句流畅,语气不卑不亢。

6. 具有春天般温暖的微笑要求

(1)实现微笑要懂得换位思考。

角色转换:假如我是驾驶人员,到收费站时我期待看到收费员热情的工作态度,真心和善的微笑和亲切的问候与关怀。

身份换位:如果我到饭店吃饭、银行取款、缴电话费、乘公交车,别人一副冷面孔,我有什么想法。

(2)微笑必须捧出"五颗心"。

真心:微笑必须是真诚的,发自内心而非虚情假意。

热心:态度必须是热情的,热情洋溢而非冷漠无情;

细心:工作必须是细心的,细致周到而非粗心大意。

耐心:回答必须是耐心的,百问不厌而非答非所问。

感恩的心:服务必须是心怀感激的,真情付出而非贪图回报。

二、文明用语标准及要求

1. 文明用语使用标准

(1)收费人员使用文明用语亲切、流利,普通话标准。

(2)收费过程始终坚持使用文明用语,要求使用完整、规范。

(3)收费过程始终坚持唱收唱付,要求咬字清晰、声音适度、语速适中。

2. 收费员常用文明用语

(1)收费站入口收费员。

18:00~5:00 晚上好,请稍等,请您走好。

5:00~11:00 早上好,请稍等,请您走好。

11:00~14:00 中午好,请稍等,请您走好。

14:00~18:00 下午好,请稍等,请您走好。

(2)收费站出口收费员。

18:00~5:00 晚上好,请出示您的通行卡,请稍等,收您××找零

××,请您走好。

5:00～11:00 早上好,请出示您的通行卡,请稍等,收您××找零××,请您走好。

11:00～14:00 中午好,请出示您的通行卡,请稍等,收您××找零××,请您走好。

14:00～18:00 下午好,请出示您的通行卡,请稍等,收您××找零××,请您走好。

3. 文明用语使用原则

文明用语要把握“三要”、“三不要”。“三要”:一要讲文明,问候内容体现文明形象;二要讲灵活,随机应变、恰逢时宜;三要讲时效,不能絮絮叨叨没完没了,影响车辆放行速度。“三不要”:一不要用错时,如中午12:00就不宜说“早上好”;二不要看错表情,当看到顾客心情不好时就不要用欢快的情景问候语,应尽快操作完毕放行车辆;三不要随意称呼,让人感觉过于随便、轻浮。

4. 特殊迎送语

(1)在雨天:雨天路滑,请您减速行驶。

(2)在雾天:雾天请您打开防雾灯,注意行车安全。

(3)前方施工或排障:(放行时)××公里施工(排障),请您减速行驶,注意安全。

(4)因特殊情况封道:对不起,因××原因已封道,请您耐心等待。

(5)在节假日:节日快乐!请您走好!

5. 致歉语

(1)坏卡车:对不起,您这张是坏卡;请问您是从哪个站进站的,以便我们查询;请稍后。

(2)无卡车:对不起,请问您进站时是否发卡给您;请问您是从哪个站进站,以便我们查询。

(3)设备故障或其他原因耽误司乘人员时间说:实在对不起,因××原因耽误您的时间,请您稍候。

(4)遇到驾乘人员无理取闹或发生其他纠纷:对不起,请您稍候。

6. 征询语

(1)有陌生人到站时,主动上前说:“您好,请问有什么事吗?”

(2)广场上有驾乘人员停靠或下车时,主动上前说:“您好,请问需要帮助吗?”

7. 致谢语

(1)驾乘人员配合工作:谢谢您的合作,请您走好。

(2)驾乘人员提出意见或建议:谢谢您的建议,我们会尽快向上级汇报下次不会再出现同样问题,欢迎您再次光临。

8. 问候语

(1)有领导视察:对领导:"××领导,您好。"

(2)有客人参观:对客人:"××您好,欢迎光临。"

9. 其他一些常用到的情景问候语

(1)驾车人未系安全带时:请系好安全带,祝您一路平安!

(2)顾客需要修车工具、开水等:请您将车停好,注意安全,我们马上为您提供修车工具(开水等)。

(3)遇到神情疲惫的驾乘人员时:为了您的安全请勿疲劳驾驶!前面有停车区,请您注意休息!

(4)遇到驾驶员面带焦虑、身体不适时:请问您需要什么帮助吗?我们这有医药箱,有什么能帮助您的吗!

(5)夜间行车时:夜深了,请您小心驾驶!夜间行车,请您注意行车安全!

(6)遇到大夜班要在广场停车休息的驾驶员时:您好,收费广场停车休息很危险,为保证你人身及财产的安全请到就近服务区或停车场休息!

(7)遇到走错路的车辆时:您好!你走错路了,请你出站后再调头进入高速公路,请您注意看路标。

(8)遇驾驶员送小礼物或水果等物品时:谢谢您!您的心意我心领了,我不能收取您的礼物,对您的帮助是我们应该做的。

(9)当受到表扬或得到感谢时:不用谢,这是我应该做的,别客气!

(10)上级领导到站检查指导工作、慰问,到站时:欢迎领导到我站指导工作!

离开时:感谢领导对我们的关心,请走好!

接待顾客时说话要以"请"字开头,以"谢"字结尾。

(11)对钱币的真伪有怀疑:对不起,先生(或小姐),可以换一张钱币吗?

提示:不能直接说顾客的钱币是否为假钞,否则会导致纠纷,可以表示自己对某张钱币真伪有顾虑。

(12)顾客所驾车辆不符合免费条件要求免费时:对不起,先生(小姐),您所驾的车辆不符合我区高速公路免费条件,所以我们要按章收费。

10. 服务忌语

(1)车主询问有关收费规定时,禁止说:

不知道,自己不会看呀?

没有钱,怎么走高速公路?

不是告诉你了么,怎么还问?

没看见费显器上写着吗,还要问?

(2)办理收费业务时,禁止说:

拿出你的证件来。

把车往前(后)靠。

你的是假钱,换一张。

快一点。

没钱找,拿零钱来。

着急什么。

就是这么多钱,不愿意交就等着吧。

(3)微机出现故障或是停电时,禁止说:

没看见机器坏了吗,你急什么。

怎么知道什么时候修好。

我有什么办法,又不是我让他坏的。

(4)对待车主的建议,禁止说:

你找我,我找谁?

有意见找领导去,你去投诉去。

我就是这种态度,你能拿我怎么样。

有本事你告去,上哪我都不怕。

(5)临近交接班时禁止说:

没上班呢,等一会儿再说。

下班啦,你走其他道吧。

三、接听电话及文明用语

1. 接听电话

(1)电话铃声响起时或拨打电话时,迅速调整情绪,以悦耳的声音将美丽的心情通过话筒传递"笑意"给顾客，留下良好的第一印象。

（2）来电接通后，热情、微笑问好：您好！报部门名称。

（3）拨打、接听电话始终面带微笑，语气热情、愉快、自然；拨打、接听电话过程始终坚持使用文明用语，要求完整、规范。

（4）讲话时，要求声音甜美亲切、咬字清晰，音量语速适中。

（5）节假日使用节日问候语及情景问候语。

2. 监控员接打电话注意事项

（1）电话铃声响过两声之后即接听电话，接昕电话或拨打电话时面带微笑，用心去沟通。

（2）接听、拨打电话时语气声调适中，过高的语调让顾客产生对监控员态度不好、不耐心的印象；过低的语气声调令顾客感觉监控员工作无精神、萎靡不振。

（3）报出监控室名称和监控员工号，确定来电者身份。

（4）听清楚来电目的，重复来电要点，特别是紧急求助时或紧急通知，一定要询问清楚时间、地点等要素，确认记录的准确性，以免发生歧异。

（5）提示驾乘人员做好安全工作。

（6）让对方先收线。

3. 监控员基本文明用语

（1）接听紧急电话基本文明用语：

您好！××监控室，××号监控员为您服务，请问您需要什么帮助？

请稍候，我已经通知（有关部门或人员等）处理。

请您注意安全，不要乱走动，救援人员马上到。

请您打开警示灯，设置好安全警告标志。

请您不要惊慌，维持好秩序。

请检查是否按规定停好车。

请您协助保护好现场不受破坏。

您还需要什么帮助吗？

谢谢，再见！

（2）监控员与收费员对话用语：

您好！（监控员主呼时用）

您好！有事请讲。（收费员主呼时用）

完毕!(监控员主呼,且已向收费员讲清楚所要交代的事情时用)

清楚,明白!(收费员主呼,监控员已经听明白收费员所讲的事情时用)

第四节 收费业务处理服务标准

一、交接班工作流程

1. 班组交接流程

(1)岗前准备,由班长整理队伍,列队人员由高至矮列队,清点人数。

(2)整理着装。按照班长整理着装手势顺序:帽子→领带→扣子→口袋,班长下达口令“停”,全体人员立正。

(3)班长安排工作事项,强调工作中注意事项。

(4)整理队伍,列队前往收费站,要求:齐步前进,昂首挺胸,左手提箱,右手摆臂,手上不能拿与上班无关的物品。

(5)列队至警卫厅前,由班长整理队伍(口令:立正—向右转—向右看齐—稍息—立正—放箱)。队列人员听到口令,动作迅速,干练,要有紧迫感。

(6)班长向交接班班长敬礼,礼毕,班长向交接班班长请示:“请问是否可以交接班?”交接班长回答:“可以交接。”

(7)班长向全班人员下达口令:现在交接班。全班人员回答:“是。”

(8)所有人员按照出、入口人员安排再次向票厅方向列队,各自接班。

(9)交接完后,交班的收费员到指定位置等待,所有人员交接完毕后,班长整理队伍,列队带回,进行点评当班的工作情况。

2. 开道工作标准

(1)接班收费员须首先接空闲车道,开道后,上班次人员方可下班。若无空闲车道,收费员厅内交接必须在5min 内交接完毕。

(2)票厅内交接班时候,收费员应跟等候的驾驶员解释:您好,现在交接班,请稍候。

二、常用服务规范

(1)班长接到监控员或收费员呼叫,迅速赶到特殊情况发生车道,了解发生情况,处理情况前,先表明身份:您好,我是当班班长,请问有什么需要帮忙吗?

(2)无论何种原因造成车道不能正常通行的,收费员及时将车道通行灯切换到禁止进入状态(红灯状态),避免后面驾驶员排队等候。

(3)当班警卫人员发现闲杂人等靠近收费站,要及时制止,并询问:您好,请问有什么需要帮忙?

(4)班长在处理特殊情况时,有车辆在等候,班长引导车辆到其他车道通行。

(5)特殊情况,班长5min处理不了的车辆,应该立即通知值班站长。

(6)无论何种原因造成耽误驾驶员时间的,收费员必须向驾驶员道歉:"对不起,让您久等了"(有必要时,须向驾驶员解释原因)。

(7)遇雨雾天气,入口收费员及时提醒驾驶员:先生,前方雾/雨大,雨天路滑请小心驾驶(摆放雨/雾警告标志)

(8)车辆未驶离车道时,不能关闭收费窗口。

三、核查证件服务标准

(1)当班收费员如对车型或车情等判断有疑问,需核查该车的行驶证。核证时收费员需礼貌地对驾驶员说:"对不起,请出示您的行驶证。"拿到驾驶员的证后要诚恳地对驾驶员说:"谢谢合作!"

(2)如遇不愿意出示行驶证者,应对驾驶员说:"对不起,先生,如果您不能出示行驶证我只能按我自己的工作经验判断。"

(3)如驾驶员拒不出示行驶证,对我们入口收费员打的车型又不满意,要求入口收费员改车型时,应对驾驶员说:"对不起,按照我的判断您的车属于×型的,我们只能按照我们的判断给您输入车型,如果您对我们判断的车型不满意,那么请出示您的行驶证。"

(4)如遇驾驶员不愿意出示行驶证时,且不愿开走,收费员需请班长过来处理,班长在了解清楚情况后应向驾驶员表明自己的身份:"您好,我是当班班长,现在入口判断的信息与您的车辆信息不相符,请出示您的行驶证,以便我们给您输入正确信息。"

四、设备故障处理工作标准

(1)设备发生故障(如死机、出现废票),收费员向驾驶员解释:先生,您好!非常抱歉,因设备/系统故障,请您稍候。

(2)故障排除后,因耽误了驾驶员时间,收费员要向驾驶员道歉。

(3)短时无法解决的机电故障,及时通知监控联系机电维护人员排除故障,同时向驾驶员解释:先生,您好!非常抱歉,因设备/系统故障,请您原谅!为了不耽误您宝贵时间,请您从另一条车道通过,这是您的通行卡和通行费,请拿好。

(4)班长及时引导车辆换道行驶。

五、特殊车情处理工作标准

1. 车型不一致

收费员询问驾驶员:先生,您好,因入口收费员对您这辆车判断的车型与我们出口收费员判断的车型不一致,我们需要核实,请出示您的行驶证。驾驶员不愿出示行驶证,及时通知班长,由班长查看该车辆出厂钢牌上实际核载质量,班长向驾驶员说明:经我们核实,您的车出厂标志核载质量为×t,属于×类车,请缴通行费××元。驾驶员不愿意交钱,称该车没有那么大的载重质量,回答:如果您不能提供相关证明(出示行驶证),我们只能根据我们经验来判断您的车型,进行收费。

2. 非免费车辆拒费

驾驶员不愿交钱,班长解释:先生,您好,您的车在我们收费站不符合免费条件,属于收费车,请缴通行费××元。

3. 未复位卡车

班长向驾驶员了解信息,询问:先生,您好,请问您是什么时间、从哪个收费站进入高速公路的?驾驶员说:这个卡里不是有吗?班长:对不起,该卡为未复位卡,入口时记录的信息与您的车辆实际信息不符,我们需要核实。

待驾驶员将入口站和入口时间报给班长,班长将驾驶员提供的信息与IC卡上的信息报给监控员。经监控与入口站核实信息后,使用定额票正常收费放行。

4. 无卡车处理工作标准

驾驶员称找不到IC卡,收费员通知班长,请驾驶员等候处理。

班长注意后面车辆,引导车辆退出车道,在广场内安全地带停放。

如驾驶员仍找不到卡,确认IC卡丢失,向驾驶员了解入口站及入口时间,并记录下来,班长将车辆信息报告监控员进行查询。经监控查询信息与驾驶员讲述相符,班长向驾驶员解释丢失IC卡的赔偿规定,每张收取IC卡赔偿费50元,正常收费放行;信息不相符,无法查询,解释:根据你提供的信息,没有查询到您的车辆记录,所以我们只能按全程进行收费(注:如果是高速公路系统故障或其他自身原因无法核实,可按驾驶员提供的入口站收费放行)。

班长引导该车到指定车道,按规定收费放行,通知监控,做好记录。

5. 无款、不足款和抵押物处理工作标准

遇到驾驶员无款,班长回答驾驶员:先生,这样吧,您先退出车道,我们帮您想办法。

引导车辆退出车道至内广场停放。

班长向驾驶员了解具体情况,辨别驾驶员是否无款。

确认驾驶员无款,询问驾驶员筹款的途径或方式后,班长帮驾驶员联系筹款。

无法筹款,班长询问驾驶员是否自愿以实物抵押(通行费2倍以上),实物价值由值班站长判定。

实物抵押无需打印票据,待驾驶员补足所欠通行费后,补打票据。

6. U形转弯车处理工作标准

班长或收费员询问驾驶员:先生,请问您是在哪个地方转回来的,为什么掉头回来?若驾驶员能提供U形转弯地点,且属特殊原因,进入口时间较短,以最短里程,按车型收取通行费。

如车辆入口时间较长,驾驶员说不清楚掉头原因及地点,甚至有漏逃通行费的嫌疑,向驾驶员解释清楚收费政策,可收取全程通行费。

7. 绿色通道车情处理标准

车辆驶入车道,驾驶员出示运输动植物证明文件,收费员认真查看证件,警卫员对所拉货物进行查验,确认所拉货物是否符合绿色通道优惠范围;

收费员确认证件合适,产品符合绿色通道优惠范围,立即上报监控人员监督记录,按绿色通道优惠收取通行费;

经过查验产品不符合绿色通道优惠范围,应向驾驶员解释清楚原因(如:不属于鲜活农产品、农产品与其他货物混装等),按照普通车收取车辆通行费。

8. 车队处理工作标准

监控员接到车队通知,及时通知班长和值班站长,做好准备;

班长接到车队通知,提前做好准备工作,开通车队专用车道,做好车辆的引导工作,等待车队;

车队驶来时,班长引导车队进入车队专用车道,同时向车队行注目礼或敬礼(重要车队经过前须提前30min打开车道,通知相关领导到车道值班);

车队快速通过收费站,亭内收费员及班长要面带微笑,看着车队通过,同时记录车牌、车辆数,车队驶离车道后,关闭车道;

班长统计好车辆数、车牌后报监控监控员做好工作记录,由监控员反馈车队信息给所分中心和省监控中心。

第五节 接待礼仪标准

一、一般接待礼仪规范

(1)握手:握手时要大方,如果对方是女士或职位高的人,一般应等对方先伸手再握手。

(2)介绍:应先介绍自己一方的人,再介绍对方的人。在介绍顺序上,把年轻的介绍给年长的,把职位低的介绍给职位高的,把男士介绍给女士,把个人介绍给团体。

(3)交换名片:交换名片时要先用双手将自己的名片递上,名片方向应正对对方,并双手接过对方的名片,认真看一遍后放在合适的地方。

二、收费站长接待领导或客人的工作标准

1. 领导或客人来站检查工作

使用语言:“您好”、“某某领导好”、“早上好”、“欢迎您光临指导”等。

2. 引路

(1)使用语言:“请到会议室坐一会”、“这边请”等。

(2)处理方式:在客人的左前方2、3步前引路,让客人走在路的中央。

3.送茶水

(1)使用语言:"请"、"请喝茶"等。

(2)处理方式:保持茶具清洁,摆放时要轻。

4.向领导介绍收费站

(1)介绍收费站人员数目、组织结构。

(2)介绍收费站当班人员基本情况。

(3)介绍收费站工作亮点、特色、创新经验、好人好事等。

5.送客

(1)使用语言:"欢迎下次再来"、"再见"或"再会"、"感谢领导的关心"等。

(2)处理方式:表达出对领导的尊敬和感激之情;道别时,招手或点头目送。

三、监控员接待标准

1.领导或客人检查工作

(1)使用语言:"您好"、"某某领导好;早上好"、"欢迎您光临指导"等。

(2)处理方式:马上开门或起立;目视对方,面带微笑,握手或点头;站立在一侧,向领导介绍监控室情况;介绍监控亮点工作、班组特色、服务质量等。

2.送客

(1)使用语言:"欢迎下次再来"、"再见"或"再会"、"感谢领导的关心"等。

(2)处理方式:表达出对领导的尊敬和感激之情;道别时,招手或点头目送。

第六节　招手送行礼

一、"招手礼、送行礼"的意义

招手礼、送行礼是一种形体语言,在短时间内,以优雅动人的招手传递真情,给人的视觉以美好的感觉,留下更深刻、更鲜明的印象,拉近和

驾乘人员的距离，产生强烈的亲和力，起到“此时无声胜有声”的作用。

二、招手礼、送行礼标准

1. 动作规范

收费员在行招手礼时，身体左转 45°，左手肘关节立于下窗沿上，小臂与手腕成直线直立于窗外，上手指距上窗沿 10cm，五指并拢，掌心面向驾驶员。招手时腕关节不动，小臂由肘关节带动自然招起或下落。收费员在行送行礼时，身体左转 45°，左手肘关节立于下窗沿上，手臂与手掌向后上方倾斜，五指并拢，做“请走好”的礼姿。

2. 表情规范

招手礼、送行礼要做到自然、真实、有亲和力、面带微笑，显示出喜悦、热情的心情，营造融洽、和谐、生动、有趣的收费气氛。

3. 招手礼、送行礼持续时间

收费员根据车流量大小调节行招手礼，车流量大时以提高工作效率为准，行招手礼后迅速处理车辆，车流量较小时招手礼至少持续 3s。送行礼从通行卡或票据与零钱缴到驾驶员手中开始，等待车离开票亭结束，或持续 3s。

三、使用招手礼、送行礼要求

1. 入口车道

当车辆行驶至车道停车位时，入口发卡收费员将 IC 卡写成功后，身体向左转倾斜，面向驾驶员，面带微笑，表情自然行招手礼，行礼之后将 IC 卡由左手交于驾驶员，在左手收回时顺势行送行礼。

2. 出口车道

当车辆行驶至车道停车时，身体向左倾斜，在接卡之前面向驾驶员，面带微笑，表情自然行招手礼。当驾驶员缴纳足额通行费后，收费员将票据与零钱同时递与驾驶员，行送行礼。

第七节　票亭服务动作标准

手势是人们常用的一种肢体语言，在服务过程中有着重要的作用，它可以加重语气，增强感染力。大方、恰当的手势可以给人以肯定、明确的印象和优美文雅的美感。

一、规范的手势

规范的手势应当是手掌自然伸直，掌心向内向上，手指并拢，拇指自然稍稍分开，手腕伸直，使手与小臂成一直线，肘关节自然弯曲，大小臂的弯曲以140°为宜。

在出手势时，要讲究柔美、流畅，做到欲上先下、欲左先右，避免僵硬死板、缺乏韵味，同时配合眼神、表情和其他姿态，使手势更显协调大方。

二、票亭规范手势

无车时，采用规范坐姿或将双手合握放于桌上，来车接待使用横摆式。在表示“请进”、“请”时，常用横摆式。开始做手势应从腹部之前抬起（坐着时从桌前抬起），以肘为轴轻缓地向一旁摆出，到腰部并与身体正面成45°时停止。头部和上身微向伸出手的一侧倾斜，另一手自然放于桌上或腹前，目视驾驶员，面带微笑，点头致意，表现出对驾乘人员的尊重、欢迎，要做到自然、真实、有亲和力。接卡（钱、证件等）、递卡（钱、票等）时使用此动作，同时微笑点头致意（注：在车辆停稳后用此手势接（递）卡或钱，有大型货车通过收费站时，存在安全隐患，有可能发生刮擦情况下，收费员不可提前使用此手势挡车）。

三、疏导、指挥车辆规范手势

疏导、指挥车辆使用前摆式，即五指并拢，手掌伸直，由身体一侧由下向上抬起，以肩关节为轴，手臂稍曲，到腰的高度再由身前右方摆去，摆到距身体15cm，并不超过躯干的位置时停止。目视来宾，面带笑容，也可双手前摆。需要给驾驶员指方向时，采用直臂式，即手指并拢，掌伸直，屈肘从身前抬起，向抬到的方向摆去，摆到肩的高度时停止，肘关节基本伸直。注意指引方向时，不可用一手指指出而显得不礼貌。

第十一章　职业道德与文明服务

第一节　职业道德的概念和特征

一、职业道德的概念和特征

1. 职业道德的概念

职业，是人们在社会生活中，对社会所承担的一定职责和所从事的专门业务。职业道德就是人们从事正当的社会职业，并在履行其职责的过程中，思想、行为应遵循的道德规范和准则。根据这一定义，便可推出公路通行费征收队伍职业道德的概念是：从事公路通行费征收工作的职工，在履行职责的过程中，思想、行为应遵循的道德规范和准则。

2. 职业道德的特征

职业道德有下面三个特征：第一，职业首先主要表现在从事一定职业的成人的意识和行为中，也就是他具有职业性。受家庭的影响、教育，初步形成的道德状况的进一步发展，是道德意识和行为的成熟阶段；第二，职业道德具有很大的稳定性和连续性。因为职业道德是和职业活动密切结合的，往往表现为世代相传的职业传统，形成人们比较稳定的职业心理和习惯；第三，职业道德形式多样、具体，适应性大。各职业部门都可以从自己的需要出发，考虑本职业的实际情况和职工的接受能力，采取诸如制度、条例、守则、公约等简明适用的形式，定出本职业人员应遵循的职业道德，有助于人们养成良好的道德习惯。

二、收费员应遵守的职业道德原则和规范

在收费员的职业道德教育中，职业道德原则和职业道德规范是十分重要的内容。在收费岗位工作中，以集体主义原则来调整个人与他

人、集体与国家之间的关系，以道德规范作为职业活动的准则，对于完成通行费征收任务有着重要的作用。

1. 收费员的职业道德原则

作为共产主义道德基本原则的集体主义，是人们在社会实践中调节或处理人与人之间相互关系的基本依据，也是收费人员在岗位实践中调节或处理人与人之间相互关系的依据，为此，必须做到以下几点。

第一，以集体利益为基础，个人利益和集体利益相结合，正确处理个人、集体和国家三者的关系。

在社会主义条件下，个人利益和集体利益、国家利益，相互依赖，互相结合，必须以社会整体利益为基础，尽最大努力使集体利益与个人利益有机结合，个人利益和集体利益通常是一致的，但也并非没有矛盾。例如，有的收费站建在乡村，远离城镇，工作环境、生活环境、文化生活都较差，有的买菜要跑几公里甚至十几公里远的地方，有的远离父母或夫妻分居，子女入托、入学都十分困难等，万一生病，看医生都很不方便。在个人利益和集体利益发生矛盾时，集体主义原则要求个人利益服从集体利益。邓小平同志指出："我们从来主张，在社会主义社会中，国家、集体和个人的利益在根本上是一致的，如果有矛盾，个人利益要服从国家和集体利益。为了国家和集体利益，为了人民大众的利益，一切有革命觉悟的先进分子必要时都应当牺牲自己的利益。我们要向全体人民，全体青少年努力宣传这种高尚的道德。"这就是集体主义原则对处理个人利益和集体利益的要求。

第二，正确处理局部利益和整体利益、眼前利益和长远利益的关系。

在社会主义制度下，局部利益和整体利益是统一的，但也会有矛盾。一旦发生矛盾，局部利益应该服从整体利益。局部是整体的一个组成部分，每个局部都要关心整体利益，服务于整体利益，整体利益才会得到巩固和发展，收费部门也是如此。如果各个部门都只顾自己那部分利益，而置全国的利益于不顾，那根本就不是集体主义，而是小团体主义、本位主义。违背集体主义原则，是共产主义道德原则所不容的。

眼前利益和长远利益的关系，也是集体主义要解决的一个重要问题。这个问题实质上也是一种局部利益和整体利益的关系。整体利益通常都会注意既考虑到眼前利益，又要照顾好长远利益。但有时也

会出现整体的长远利益与局部的眼前利益发生矛盾的情况，在这种情况下，局部的眼前利益，必须服从整体长远利益。

收费站自身要解决的问题很多，如建设职工宿舍，添置办公用品，购进电脑等先进设施，提高职工物质和文化生活条件等。收费站虽然每天收入大量的现金，但其毕竟是公路交通系统中的一个部门，其基本建设投资和各项行政开支，都必须由主管部门统筹安排，按计划行事。

第三，一切言论行动以最广大人民群众的根本利益为出发点和归宿。

共产主义的集体主义原则最根本的要求就是为人民的根本利益服务，其主要要求是：

在对待党和国家关系上，坚持四项基本原则；

在对待人民的关系上，坚持对人民极端负责、极端热忱、全心全意为人民服务；

在对待同志的关系上，团结友爱，互相尊重，先人后己，助人为乐；

在对待集体的关系上，热爱集体，一心为公，忠于职守，廉洁奉公；

在对待法纪的关系上，坚持秉公办事的原则，遵纪守法，不营私舞弊，坚持在法纪面前人人平等，坚决同坏人坏事作斗争。

每个收费站都有几十至一百人，他们的政治品质、道德修养、家庭教养、社会阅历、为人处事都有一定的差别。收费工作又具有明显的社会性和政策性，作为公路系统服务社会的窗口，必须切实抓好职工的集体主义教育，提高整体素质，使收费站成为一个团结友爱、关心集体、遵纪守法、文明征费的坚强的战斗集体。

2. 收费员的职业道德规范

车辆通行费收费人员的职业道德规范，是由岗位的工作性质和收费人员必须遵循的职业道德原则决定的，收费部门根据国家政策法规，征收通行费。它的工作对象是有车单位和个人；就收费岗位来说，既是一项经济工作，又是一项管理工作；收费工作不仅代表政府负责征收通行费的任务，而且是社会主义两个文明建设的一个重要“窗口”。所以，收费员的职业道德形象，直接关系到征费部门在群众心目中的威望。据此，根据收费员的职业道德规范，归纳起来有以下几点。

第一，廉洁奉公。廉洁奉公是收费员最基本的职业道德规范。廉洁奉公构成了征收道德的核心内容，它既是征收道德的基本要求，又体现了收费工作的特殊性质。收费工作是收费员利用票证、现金对通行车辆进行管理的活动。收费员在这种活动中,时时刻刻与金钱相联系,正是这种工作性质决定了收费员必须在政治上公正无私,在经济上廉洁自爱。廉洁奉公是与损公肥私、贪污受贿、假公济私、不坚守原则相对立的。只有在征收管理活动中,真正做到廉洁奉公,才能与损公肥私、贪污受贿、假公济私、不坚守原则的人和事作坚决的斗争;才能在本职工作中自觉维护国家和人民的利益。

收费人员应努力做到"慎独",应以社会主义道德的基本原则、规范严格要求自己,无论在什么样的条件下,都能做到拒腐蚀、永不沾,而且要做到"防微杜渐、分文不染"。只有这样,才能真正体现出中华民族的高风亮节,做一名优秀的收费员。

第二,文明收费。收费员能否做到文明收费,这是反映收费员的文化素质和职业道德素质状况的一个标志。收费举止文雅,说话和气,态度热情,就会使车主感到温暖,就是在解决矛盾时,也要动之以情、晓之以理,这样容易形成互相尊重、以礼相待的和谐关系。类似出言不逊,待人不恭,自恃是收费人员,开口骂人,甚至动手打人等不文明行为都必须坚决杜绝。文明收费应体现在以下几方面。

(1)保持收费亭及周围环境整洁,保持收费设施的齐全和完好,既为收费员营造一个良好的工作环境,又方便车辆通行和车主购票,给过往群众营造一个浓厚的文明氛围。

(2)收费员要举止文雅,彬彬有礼,尊重车主。在工作期间,不聊天,不看书报,不做私事,不和车主吵嘴,应把全部精力放在为车主服务上。

(3)说话和气,使用礼貌的语言。收费员对车主说话和蔼可亲,是对车主的尊重,也是自尊的表现,诚恳的态度能给车主以亲切、温暖、舒心的感觉,是一个收费员心灵的反映。

(4)执行公务时,必须穿着规定制服,且着装整洁。

文明收费是收费员的重要道德规范。如果收费员都能自觉遵守这一规范,对广大车主做到文明礼貌,使每一个收费站都成为社会主义精神文明的"窗口",就会对全民的精神面貌发生重大影响。

第三,忠于职守。忠于职守是职业者在实际工作中,忠实履行自己职业所承担的社会职责。征费工作在国民经济中的这一特定的地位和作用,决定了收费活动的特殊职责和义务。就每个收费员来说,

这一特殊职责的基本内容,包括模范执行国家的征费法规,以主人翁的姿态从事收费工作,遵章守纪,维护征费信誉,搞好优质服务,不断提高经济效益和社会效益。坚持为人民服务的宗旨,努力掌握收费服务的过硬本领,对人民负责。要做到忠于职守,关键是培养高度的社会责任感,树立崇高的职业志向,练就一番过硬的职业本领。收费员的社会责任感就是对自己的收费工作高度负责态度的体现。没有高度的社会责任感,就不可能做好收费工作。树立起远大的职业志向,就是在自己平凡的岗位上干一番不平凡的事业。具体要求是:收费员要熟悉收费法规和制度,执行收费政策,遵守征费纪律,熟练掌握车辆通行费收费员应知、应会的内容和工作实例,出色地完成收费任务,为发展公路交通事业作贡献。

第四,严格收费。作为收费员对违章犯规既不能不闻不问、放弃原则,又不能网开一面,顾及私情,也不能将票款私分或据为已有,必须按章办事,秉公执法,不徇私情。这是收费员必备的职业道德规范。

每一个收费员要加强法制观念,保持清醒头脑,都必须提高自身的防腐能力和拒贿的自觉性,时刻保持高度的警惕性。有的人成为金钱的俘虏,也成为人民的罪人,这深刻的教训,很值得人们记取。收费员在执行任务时,难免会遇上老上级、老同事、老同学、老朋友、老熟人,甚至亲属邻里违章的事情,能否正确处理,确实是检验一个收费员是否出于公心的试金石,是检验一个收费员能否遵守职业道德规范的答卷。目前,收费工作都已实行电脑收费和监控,这对防止内部作弊和犯罪行为起到较大的监督作用。但电脑也是人制造出来的,真正防止内部作弊行为,归根到底还要靠人的政法品质和思想觉悟,所以每人都要树立牢固的法制观念和政策观念,坚决做到按标准收费。

三、加强勤政建设,为社会服务

勤政,主要是指管理人员(包括站长、部门领导、班组长)对待通行费征收工作应有的高度责任感和勤奋的工作姿态。身为收费部门的各级领导,既光荣又负有重大责任。必须具有强烈的事业心和高度的责任感,坚持改革开放、勇于开拓进取,团结和带领群众一起完成征费任务。

1. 坚持改革,勇于开拓

车辆通行费本身是改革开放时期出现的新事物。通过征收通行费，把市场经济的理论引入公路交通管理领域。全国各地先后创造出“以路养路”、“以桥养桥”、“以渡养渡”的发展交通建设的新概念，并已被广大群众所接受。“路通财通”、“要想富，先修路”的新思想也已成为全民的共识。广开财源，采取贷款集资等形式筹资修路造桥，然后通过收取通行费来偿还贷款的新思维已成为各级政府的政策和法规。通行费征收已取得很大成绩，这十多年的实践已证实了这一新生事物的正确性——它是一项符合客观经济规律的全国范围的经济活动；又充分显示它在国民经济发展中所起的巨大作用，即为公路交通建设提供巨大稳定的资金，并积累了一定的管理方法和经验，使收费管理逐步走上规范化。

当然，从整体范围看，征费管理工作还存在一些不完善的地方。从内部看，有的管理不得力，措施不具体，制度没落实，容易被觉悟低的人钻空子；个别收费员素质较差，在征费活动中存在不文明的语言和行为；有的法制观念和政策观念淡薄，私心严重，存在贪污票款行为；从外部看，一些驾驶员纳费观念淡薄，逃费现象时有发生。

针对上述问题，各级管理干部要树立强烈的事业心和政治责任感，以改革、开拓、进取的精神，深入实际调查研究，不断总结工作经验，改进管理方法，实事求是地解决征费管理存在的各种问题，不断把收费管理工作推向新台阶。

2. 树立强烈的事业心，认真搞好收费人员管理

收费人员是指在收费站工作，按有关部门规定的收费标准，向过往车辆收取通行费的人员。他们是整个收费队伍中第一线的、最直接的劳动者，同时又是服务者，在劳动中接触来自全国各地的驾乘人员，其服务质量和精神面貌，直接反映出本单位、本系统、本地区的形象。有的部门和地区把收费站当作窗口，这不无道理。所以，加强对收费人员的管理，是各级管理人员勤政建设的重要内容。对收费人员的管理，通常有以下几种做法。

第一，用制度管理。收费人员的工作看似简单，实则复杂，一上班面对的是来自全国各地的车辆，将几元、十几元的零钞一点一点地收上来，机械地重复，工作量大且单调。目前，各地基本都是采取五班轮换制，即每个班要工作八个小时。繁忙路段，收费员要不间断地收款并付票据，这样容易造成疲劳。尤其是大量的现金从收费员的手进出，个别意识差的人员会出现邪念，造成积极性不高或这样那样的问

题，直接影响了收费工作。因此，除严格执行上级规定的收费标准和有关文件精神外，还必须根据工作性质和实际，制订出简单、实用又明确的管理制度并坚决贯彻执行。这些制度要让收费人员懂得上班时该怎么做，不该怎样做，如必须按时上下班，不准擅离岗位；必须熟记收费标准，准确售票；不准携私款上岗，不重买票据；必须精神集中，礼貌服务，不徇私情，不向车主索取钱物等。同时，配以一定奖罚，如有的地方采取这样的做法：对在一个月没有发生差错的收费员，给予表扬和一定的现金奖励；发生差错的，除补回差错外，还采取扣分形式进行罚款，这些都有利于打击歪风，扶持正义，有效激发收费员的积极性和责任心。

第二，用知识管理。加强对收费员的业务培训，让他们懂得收费政策，熟悉收费标准，掌握收费规定等业务知识，并用这些知识来要求他们的作业，是收费部门实施管理的重要内容。业务培训要根据实际情况，采取灵活形式进行。

(1)建站前培训。这主要是指新成立的收费站(点)，开征前对全体收费员进行培训，因为参训人员将是征费单位的基础和骨干力量，所以，这种培训的要求是：①内容要全面系统，如征费的意义，有关政策和法律法规、收费标准、组织管理、安全保卫等；②时间要保证，要按教学内容，安排足够时间；③人员要落实，按开征时实际需要确定培训人数，培训期间要保持全勤、认真教学；④知识要掌握，通过考试，测验学员对知识的掌握情况以便合理安排岗位，确保顺利开征。

(2)上岗前培训。这是指少量或个别新上岗人员的新培训。这类人员较少，可在上级主管部门统一安排下，参加规范的上岗培训，上岗后在岗位上边学边实践，由单位指定熟练人员带岗。

(3)业务培训。这是指对实施电脑收费和电脑培训的单位，对电脑、微机专业人员的培训。这种培训要选派有一定文化基础、熟练收费业务，思想好、责任心强的人参训。通过培训，要掌握电脑的基本原理，熟练操作和运用，掌握一定的维护知识。

(4)全员培训。这是指除收费员以外的其他收费人员(如行政、后勤人员、包括干部)的培训。收费站(点)是一个战斗的整体，其工作特点是有明显的连续性，发生任何情况都不能中断收费工作。但在实际操作中又难免会有突发情况，如收费员生病或有急事等。在这种情况下，经过培训或熟悉业务的任何一个行政或后勤人员，都能及时接上去继续作业,这样就能保证征费不间断,保证征费任务完成。

对收费员的业务培训,还有其他灵活易行的途径和形式,如通过墙报、黑板报刊登业务知识,组织业务知识竞赛等,让收费员对业务知识常学常新,牢固掌握并熟练运用到实践中。

第三,用教育管理。教育,既是管理的内容,又是管理的手段。通过各种形式的思想政治教育,能提高人的思想觉悟,增强事业心和责任感,自觉地做好工作,完成任务,从而使管理工作取得事半功倍的效果。教育的内容很多,主要抓好以下三个方面。

首先,要加强马克思主义基本理论学习。要组织全体职工学习马克思主义、毛泽东思想。在当前深入改革,社会主义市场经济迅速发展的形式下,要重点学习邓小平关于有中国特色的社会主义理论和"三个代表"思想,坚持党的基本路线不动摇,积极投身公路通行费征收事业,大胆实践,锐意进取,争取公路规费征收事业跃上新台阶。

其次,结合收费部门的实际情况,抓好职业道德教育,加强精神文明建设、安全守纪等教育,充分发挥教育这一有效手段,不断开拓收费工作的新局面。

再次,深化公路通行费政策和法律法规的学习。收费人员自己首先必须学法、懂法,才能有效地依法办事。要学习《宪法》、《刑事诉讼法》、《行政诉讼法》、《收费公路管理条例》及其实施细则和其他有关征费的法规,同时又能运用法律手段打击偷、逃、漏、抗费的发生,维护公路规费收缴的正常秩序。

第四,用监督管理。监督,是征费业务管理的一种手段和方法,主要是指采用各种手段和方法,对作业人员进行监察。监督分外部监督和内部监督,这里主要简述内部监督的目的、意义、方法和注意事项。

(1)监督的目的和意义:通过监督及时发现作业人员中虚伪、偏私、懒惰、贪污、勒索、失职等不良行为和腐败现象,并采取有力措施加以纠正,最大限度地减少损失,使征费工作沿健康轨道前进。

(2)监督方法。

群众监督,主要通过群众互相监督,发现问题,互相指正,把缺点和错误克服在萌芽状态。

行政监督,主要是通过上级管下级,下级定时向上级汇报工作情况;干部值班,并做好记录和交接工作,保证收费工作有序进行。

财务监督,主要使通过统计和核算得出的数据,发现收费中存在

的问题,分析原因、做出改进的对策。

电脑监督,这是一种先进的管理手段,通过电脑,车辆的运行情况、收费员的服务态度等都看的清清楚楚,如发现作弊行为可及时录像。

(3)内部监督注意事项。因为是内部监督,监督对象是本单位的职工,因此方法一定要正确。要避免用偷袭的方法,不能随便怀疑而动则搜工作人员的衣物,更不能做出搜身的侵权行为。发现不良倾向或违法行为,要用思想疏导的方法配合工作,不能简单粗暴;发现重大问题,报请上级纪检、检查或保卫部门协助处理。

第五,用军事化管理。这是根据收费工作的特点决定的。收费人员集体住宿、集体就餐;分班统一上下班;上岗必须着装统一制服;更主要的是他们有较强的执法性质。这些都体现出征费队伍有较强的军事化。所以,不少收费站或利用自己队伍中的复转军人,或是请现役军人对收费员进行军事化训练。训练内容主要是列队训练,通过这些训练,不仅使收费员学到一些军事知识,更主要的是培养了收费员团结互助的集体观念,服从命令、听从指挥的组织观念和按时上下班的时间观念,有效地提高队伍的整体素质。

有的收费站还同驻扎在附近的部队开展一些有效的活动,如军事体育比赛、节日联欢、请英雄模范做报告、军民共建文明站等。这些活动,有力地促进了收费站的两个文明建设。

3.以身作则和关心爱护群众

勤政内容不仅体现在管理队伍上,还要体现在管理人员以身作则,模范带头和关心群众生活,爱护群众利益上。

(1)模范带头和以身作则。管理人员要宣传和贯彻征费法规和政策,要制订管理制度,要落实廉政措施。对这些政策、法规、制度和措施,管理人员模范遵守、带头执行。勤政,勤字当头。管理人员要勤学习征费政策和法规,牢记法律条文,正确处理各种问题;要勤深入班组检查各项制度落实情况,及时发现问题,不断改进工作方法;要勤动脑筋总结经验教训,不断提高管理水平,处处用自己的模范行为影响带领群众,共同完成征费任务。

(2)关心和爱护群众。缺乏严格管理的队伍将会失去战斗力,得不到关心的队伍的战斗力也不会持久。收费员的工作环境属野外作业,风吹、雨打、日晒,车辆排出的毒气、废气,工作中随时遇到的危险性，有时还会与个别车主发生摩擦或矛盾。但他们克服各种困难，艰苦奋斗，通过自己的辛勤劳动，在体现自己人身价值的同时，也为社会创造出难以估量的价值。所以，各级管理人员对收费员要在政治上、工作上和生活上给予应有的关怀和爱护，这是勤政建设必不可少的内容。

要经常组织他们进行政治和业务学习，不断提高收费员的思想觉悟和业务素质，引导他们进步，通过工、青、妇等组织，开展适合青年特点的活动，活跃体育文化生活。

(3)改善工作环境，减轻职工劳动强度。如实施电脑收费，采用防毒防尘措施等。要切实办好食堂，搞好伙食，尽量创造条件实现四餐(早餐、中餐、晚餐、夜宵)；要定期为职工进行身体检查，有病的及时就诊，关心和看望就医职工；搞好宿舍建设，尽量改善职工居住条件。

总之，各收费单位要根据自己的实际情况和具体条件，努力为职工办实事。实践证明，优良管理工作往往会收到事半功倍的效果。

第二节　收费员职业守则和规范

一、收费员的素质和基本要求

通行费的收取是按照国家法规部门的核定，向过往车辆收取费用。收费员是实施收费的主体，其工作中心就是：贯彻执行国家关于收取高速公路车辆通行费的规定，依据“应征不漏、应免不收”政策，在保证高速公路营运秩序的同时，完成与争取超额完成收费目标。收费员是社会服务的主体，代表着部门、企业履行向社会提供优质服务的义务，因此，在收费工作中，收费员的岗位显示出十分重要的作用。作为收费员，履行岗位职责、实行工作规范是当好收费员的基本要求，也是完成收费过程的重要环节。各收费管理单位应引导收费员树立正确的人生观、价值观、世界观，坚定不移地开展各项培训，提高收费员的素质。围绕收费这一主题，从大局出发，加强对收费员的思想教育，增强工作的超前性、创新性和针对性，逐步形成心齐、风气正、干劲足的氛围，切实体现团队精神，增强集体荣誉感，努力造就一支善经营、高素质的高速公路收费队伍。

1. 敬业爱岗，树立文明服务窗口观念，富有岗位荣誉感和责任感

广大收费员工要充分理解“伟大出自平凡，伟大在于磨炼”的人生哲理，树立“乐于奉献、敢于吃苦、上岗如献艺”的持之以恒精神，树立“爱岗敬业，无私奉献”的崇高精神。对待过往驾乘人员，做到先问候、后沟通，以自身良好的形象感化他们，从而实现文明服务与高速公路无形资产的转换，在树立良好“窗口”形象的同时，收到可观的经济效益。

2. 提高思想觉悟，积极向党组织靠拢

中国共产党是先进的组织，加强对党员的教育、提高党员素质、发挥模范先锋作用尤为重要。共产党员要认真学习“三个代表”重要思想，以科学的理论为指导，带动公司全体员工努力搞好本职工作，服务社会，让人民群众满意。对没有加入共产党的员工做好深入细致的思想工作，引导广大员工充分认识党的先进性，学习爱岗敬业的先进人物和事迹。党员要带领其他员工在自己的岗位上默默苦干，不怕苦、不怕累，发扬共产党员吃苦在前、享受在后的无私奉献精神。

3. 坚持使用普通话，树立良好服务形象

良好的服务形象，给人以美的联想，从而引起连锁反应，使员工自觉培养出优秀的品质。推广普通话是提高单位从业人员素质，树立文明高速公路良好形象的需要。深入开展推广使用普通话的宣传、培训和等级测试，在单位普及普通话，可以向社会展示单位良好的精神面貌。

4. 具备电脑基本知识

收费员应具备电脑基本知识，熟练掌握联网收费操作程序，了解车道基本工作原理和功能以及简单电脑故障的处理。

收费系统的主体就是电脑，电脑收费能提高收费效率，减轻收费员的劳动强度，减少票卡种类和印制数量，降低收费管理成本，防止漏收、逃费。对于收费员来说，要做好收费工作就必须懂得电脑的基本操作及联网收费操作程序。在电脑出现一些小问题造成车道堵塞，给驾乘人员带来不便时，收费员应懂得简单的故障处理，及时排堵。

5. 坚持参加学习，全面提升自身素质

牢牢把握时代的脉搏，牢记高速公路工作的宗旨，积极参加单位举行的培训及业余学习，努力提高自身素质。收费单位成立之初，员工队伍的组成比较复杂，大家来自四面八方、各行各业，在自身素质、思想意识、工作思路上存在着一定的差别,呈现出参差不齐的状况。随着越来越多知识型、能力型人才不断充实到收费岗位中来,对员工整体综合素质提出了更高要求,这就需要员工们不断学习,充实自己。

6. 加强锻炼,保持精力充沛

没有强健的身体就不能以饱满的热情投入到工作中去。业余时间里,员工们应加强身体素质的锻炼。单位的军训、登山运动、篮球联赛等系列活动就是让员工在繁琐的工作中,提高身体素质,以健康的身体、饱满的热情站好每一班岗。

二、收费员的岗位职责

当整个世界都在谈论着"变化"、"创新"等时髦的概念时,重提"忠诚"、"敬业"、"服从"、"信用"之类的话题未免显得过于陈旧。然而,我们又无法回避。员工的忠诚和敬业精神缺失,职业道德风险无时无刻不在困扰着管理者。我们所面临的变化也带走许多有价值的东西,包括那些经济起飞所依赖的基本的商业精神——信用、勤奋和敬业。忠诚和敬业并不仅仅得益于单位集体,最大的受益者是我们自己,是整个社会。一种职业的责任感和对事业高度的忠诚一旦养成,会让你成为一个值得信赖的人,一个可以被委以重任的人。

随着高速公路的快速发展,高速公路的管理也趋向一流化,其中对实施收费的主体——收费员的要求成为收费管理的一项重要内容。要创建一流的高速公路运营管理单位,首先要加强员工关于"一流"的认识,提高广大员工的自身素质和对工作的积极性及自觉性。要达到此目的,必须让员工先明确自己的岗位职责,熟知职责内容。

收费员岗位是高等级公路文明优质服务的窗口,直接体现高等级公路管理工作的形象,收费员在自己的工作岗位上必须履行以下职责。

(1)收费员应按时上下班,不得迟到早退。上岗前30min由班长检查、督促做好准备工作,领取IC卡、票据、备用金等列队上岗;未经领导批准,不准中途离开收费亭;不准私自关闭车道;不准提前下岗或无人接班的情况下擅离岗位。

(2)收费员上岗时应仪容严整,姿态端正。必须按规范着装,佩戴

好工作号牌；严禁衣着不整或着便衣上岗；女收费员在怀孕期间经领导批准可以着便装，但上岗时必须佩戴工作号牌。

(3)牢固树立法制观念，严格执行征收政策法规，廉洁自律，不贪污票款，不违法乱纪，绝不能随心所欲，凭感情用事，坚决做到“应征不漏、应免不征”。

(4)文明征费，礼貌服务，不说粗话脏话，积极向车主和广大群众宣传征费政策和法规，广泛争取社会各界人士的理解与支持，创造良好的征费环境。

(5)工作时注意力要集中，面对过往车辆，准确判断车型和车情；要掌握识别假币的技能和处理方法，准确收钱、正确给票。对废票或驾驶员的弃票，要集中存放，由主管领导监督销毁。

(6)爱护收费设施，不得违章操作，以免造成人为的故障。

(7)不准在收费亭内乱打电话、会客、闲谈、吃东西、吸烟、睡觉、看书报和做其他与收费无关的事，严禁闲杂人员进入收费亭内，不准带私款、手机和与收费无关的物品上岗。

(8)正确判断驶来车辆是否减速，发现冲卡迹象应及时报告班(站长)，并及时将车型车号通知出口站，作好稽查准备。

第三节 文明服务规范

高速公路收费工作，是社会主义经济建设的重要组成部分，是体现交通行业为社会经济发展服务的一扇“窗口”，因此，在工作实践中，坚持做到优质、文明服务是全体员工忠实贯彻“全心全意为人民服务”这一党的宗旨的重要体现，也是国家、集体、员工三者利益最大化的有力保证。

一、服务质量上坚持优质

收费员在服务工作中向过往驾乘人员提供的优质服务，主要体现在以下几个方面。

(1)准确把握、严格执行国家关于高速公路收费的相关政策、法规及要求，坚持做到应征不漏，应免不收。

(2)熟练掌握、正确执行联网收费工作流程，熟记收费标准、车辆类型，准确收款、准确找补。

(3)了解联网收费系统的性能，严守联网收费系统的操作规程，不违章操作，不人为损坏，平时要勤保养、勤清洁，使收费设备处于正常状态。

(4)经常保持收费基本功训练，保证车道收费快速准确，不因个人业务操作原因造成堵车。

(5)严格执行公司有关收费业务工作的各项规定，树立法制观念，处理纠纷以政策为依据，以理服人，不自作主张，不徇私舞弊，与单位整体业务管理要求相一致。

(6)熟悉和了解收费站所在地域内主要旅游景点，大型工矿企业分布，主要交通干线的分布，全线道路与本站相距里程情况，以及服务区、餐饮、加油、汽车维修等布点位置，及时、准确地向过往驾乘人员提供服务。

二、服务过程中要倡导文明

收费员向过往驾乘人员提供文明礼貌的优质服务，主要体现在以下几个方面。

(1)对高速公路收费工作，具有强烈的事业心和责任感；廉洁奉公、爱岗敬业的职业道德；坚持原则、忠于职守的职业纪律；热爱集体、乐于奉献的职业精神。

(2)着装整洁，举止文雅，说话和气，待人诚恳；服务动作、语言符合规范要求；在解决收费纠纷矛盾问题时，应当晓之以理、动之以情，从而形成相互尊重、以礼相待的和谐关系。

(3)服务过程中坚持使用文明服务规范性用语，切忌发生讲粗话、讲脏话等现象，坚决杜绝态度粗暴、开口骂人、动手打人等不文明行为。

(4)经常保持收费环境整洁，收费设施设备齐全完好，普通话服务用语标准流利，道路沿线旅游景点、道路、大型货物集贸场所、交通车辆维修、医疗、治安站点设置要做到心中有数，以便随时向驾乘人员提供准确信息。

(5)熟记治安报警、医疗救助、火警报警等急救电话号码，熟练掌握消防设备设施的正确使用方法，以方便在收费站区域内发生险情

时,能及时、正确地给驾乘人员以救助。

第四节　收费站标准化建设

从2003年至2008年,甘肃省高速公路经过5年多的发展运营,从区域联网收费到全省高速公路联网收费,收费管理按照“高起点开局,跨越式发展”的发展思路,从起步到目前的科学化、规范化管理,发生了较大变化,但与高速公路收费站标准化建设要求还有一定距离。标准化是指“为在一定的范围内获得最佳秩序,对实际的或潜在的问题制订共同的和重复使用的规则的活动”。简单地讲,就是在一定范围内制订发布标准、贯彻实施标准并进行监督检查。标准化的本质是统一。在标准化工作中,制订标准是基础,贯彻标准是核心。

一、标准化收费站建设的需要

1. 开展标准化收费站建设是适应新形势的需要

强化办公职能、收费站整体职能,建立健全各项规章制度,明确工作标准,规范工作秩序,加大创新、工作的开展,加强队伍建设,造就一支开拓创新,求真务实,服务优良,办事规范,工作高效,遵章守纪的队伍的需要。

2. 开展标准化收费站建设是完善营运监管体系的需要

甘肃省高等级公路收费实行入口领卡、出口交费的联网收费方式,各种原因造成的违纪行为时有发生。明确工作步骤,完善各项制度,使工作有条不紊、秩序井然是建设收费站标准化的依据。

3. 开展标准化收费站建设是提升职工素质的需要

切实转变思想观念,克服固有的思维定势,创新管理理念,严格按照收费站标准化建设的要求和目标开展好工作。

4. 开展标准化收费站建设是完善管理制度的需要

需要激发一线收费员的工作积极性,完善考勤管理制度,对擅自离岗、串岗、并岗、不请假的个人行为加以处罚。对一线收费员收费多的,无病事假违纪行为的,建立相应的奖励机制,是激发收费员工作积极性的一种切实可行的方法。

标准化收费站建设,包括节约用电、用水、办公用品,响应国家建设节约型社会的号召，抓好各项制度建设。建立健全各项责任制、岗位责任制、服务承诺制、强化服务，把收费窗口建设成工作标准化、程序化、法制化、优质化、规范化的服务平台。

二、标准化收费站实现途径

1. 建立坚强有力的营运监管体系是标准化收费站建设的关键

收费站最主要的职责就是收费，而预防收费违纪违规是收费站的核心工作，强化收费纪律和收费秩序管理是工作的重点，加大对站各办公室人员考勤力度是关键。

2. 调动收费员工作积极性是标准化收费站建设的基础

建立以绩效工资（效益工资）为基础的薪酬分配机制，设立以主要业务指标（如收费额、工作差错率）为考核内容的业绩考核，根据不同得分划分不同的绩效工资（效益工资）档次；明确收费岗位业务合格标准，规定个人收费差错率、顾客有理投诉次数等合理范围，对不能胜任基本收费工作的人员实行学岗、待岗甚至更严厉的处理；明确各种先进评选资格、标准，为员工指明努力方向，如星级收费员评选标准，应具体说明主要业务指标标准、服务标准等。加强班长监控员责任制，明确收费班长责任，监控力度加大是减少收费岗位存在问题的方法之一。

3. 文明创建活动是标准化收费站建设的促进

多开展以站为单位的主题征文，演讲比赛等活动让更多职工参与进来，篮球赛、乒乓球赛等比赛即丰富了职工生活又体现了企业的活力，增强了团队精神。开展一些以收费业务为主题的竞赛活动，对促进收费人员业务能力的提高有一定的帮助。

4. 建设标准化收费站收费窗口是一项基础工程

收费窗口是高速公路的关键所在，相当于人的脸面，其运作的顺畅与否，直接关系到整条路的形象和效率，关系到其在社会中的威望，关系到经济效益和社会效益。因此，从收费窗口抓起，从收费窗口做起，做好文明收费招手礼、送行礼及文明用语的使用，也是一项事半功倍的基础工程。

三、加强收费站硬件标准化建设是建设标准化收费站的重要内容

为加强高等级公路收费站硬件标准化、规范化建设管理，规范收

费站点硬件标准化、规范化建设内容,树立良好的"窗口"形象,收费站点建设应坚持统一标准、美观、整洁的原则。

1. 收费站办公楼标准

(1)办公楼区。

收费站办公区域建设,应做到规范有序,制度健全,环境优美。办公区绿化本着统一规划,因地制宜,布局合理,乔灌花草,三季常绿,二季有花相结合的原则设置,绿化可根据适宜绿化的实际情况进行绿化建设。

(2)门厅及楼道。

收费站办公大厅应按照政务公开的要求,门厅口醒目位置设宣传栏、站务公开栏,门厅设监督岗、整容镜及花卉,楼道设活动竞赛公示栏等。

(3)票务室。

票据室不得与宿舍混用。票务室装有防盗门,配有保险箱、点钞机、票据保管柜。墙上悬挂票务人员岗位职责、票务管理办法、三专六防等制度牌。

(4)会议室。

会议室的正面墙上方,采用白底红字嵌上"业务熟练、管理严格、秩序井然、作风扎实、廉洁自律、文明服务"二十四字。会议室布设车辆通行费收入柱状图、收费站管理图、收费站风采展示栏、学习园地等栏目,图框规格可根据会议室的实际情况设置,达到协调美观。

(5)文体活动室。

活动设施摆放有序整齐,活动室至少配有象棋、跳棋、扑克牌、跳绳等文娱体育用品,悬挂文娱设施管理办法。

(6)监控室。

监控室内物品要摆放整齐有序,保持室内卫生,禁止吸烟,严禁携带易燃及与工作无关的物品入室,在侧墙上悬挂监控室工作制度、监控员岗位职责、机电系统故障应急预案、特殊车情处理流程图等。

(7)标志标牌。

各办公室、宿舍等房门统一标志,悬挂标示牌,厕所内粘贴爱护卫生等标示(提示)牌,标牌齐全、醒目。

2. 收费站广场标准

(1)收费广场。

在收费站出口处设置六公开监督牌、各类警示牌、信息公告牌等，并达到美观协调、醒目的要求。

(2)收费亭。

收费窗口悬挂收费员岗位监督牌。票亭内通行卡盒、票据打印机、读卡器、收费键盘，显示器、呼叫器等设备有序摆放，体现有序、方便、整洁、美观，有利于提高工作效率的原则，设备位置不得随意改变；收费亭内无污垢，墙壁光洁；票亭外表干净，表面无灰尘、无水印；玻璃干净、光亮、无水印。

(3)收费岛、车道。

收费岛防撞护栏上粘贴温馨标语，车道设立高速公路行人禁入牌、所有车辆进口领卡牌、警卫任务车队专用牌、绿色通道牌等公告牌，各种指示牌以45°角摆放在安全岛收费亭前，并保持收费岛的清洁。

3. 收费站宿舍内务标准化

(1)床铺、帽子、鞋子有序摆放。

(2)衣柜、写字台按照室内空间放置，保持桌面干净整洁。

(3)宿舍保持明亮洁净，床面整洁，摆放绿色植物、花卉等。

(4)宿舍除规定的设施及生活用品外，不准摆放和张挂其他装饰品，不准乱拉乱挂及在室内晾晒衣物。

第五节　行风廉政建设及有关法律、法规条文释义

一、遵纪守法，加强廉政建设

1. 制订规章制度

“无规矩不成方圆”，没有行之有效的规章制度，要想搞好收费工作只是一句空话。所以，收费站应根据有关征收通行费的政策和法规，结合本站实际情况，制订出易记易懂、切实易行的规章制度。

(1)要有强烈的事业心和责任感。收费人员要坚守岗位，认真维护收费站房秩序，及时疏通车道，正确处理抗费、逃费等违章行为。

(2)要牢固树立法制观念。稽查员要牢固掌握有关政策、法规、规定和各项标准，严格按章办事，不讲人情。

(3)要有良好的政治素质。收费人员要坚持原则,廉洁奉公,反对任何营私舞弊行为。收费人员不超越职权范围,不乱扣车证,不乱罚款。

(4)要有良好的道德修养。要正确使用文明语言、举止端正、以理服人。要耐心宣传、解释征收政策,不怕冷嘲热讽,遇到挫折和阻力不灰心,不气馁,保持清醒头脑和良好心态,时时维护收费人员的良好形象。

收费站除了收管人员外,还有负责财务、监控以及驾驶员、水电工、炊事员等为收费工作服务的后勤保障人员。对这些人员都必须按职业道德行为准则,并结合其工种的特点,制订出规章制度,使各类人员在作业中都有章可循,各自做好本职工作,为实现征费事业这一共同目标,尽心尽职。

2. 加强廉政建设

征费部门及其工作人员手中都有一定的权力,但这些权力都是人民赋予的,如果使用不当,就会成为谋取个人或小集团利益的工具,而损害社会的整体利益和群众利益。所以,为了防止以权谋私,抑制不正之风,消除腐败现象,加强征费队伍建设,促使征费工作顺利开展,要制订出廉政措施。这个廉政措施是队伍中每个成员规范自己行为的准则。制订廉政措施,必须体现以下几个主要内容。

(1)权力是人民给予的,只能用来为人民办实事、谋利益。收费机构收费的标准,都是省级政府及有关权力机构,用法规形式定下来的。征费人员身着制式服装,就是权力的象征。所以,执行公务,要秉公办事,公正廉洁,文明收费。

(2)征费系统的行业特点。征费工作的政策性强,因此要以"加强稽查,努力征费"为工作宗旨,提倡"廉洁奉功,秉公执法,忠于职守、礼貌待人、服务人民"的职业道德规范,努力加强队伍建设。

(3)社会主义精神文明和行业的职业道德。服务中要使用文明用语,并做到热情、周到、和气;主动为车主服务,尽力为车主排忧解难,执行公务,要着装整洁、举止端庄、讲究礼貌、以理服人。

为了使廉洁措施得到贯彻执行,还要制订出相应的奖罚制度,促进人人自觉遵守。

3. 实行社会监督

公路征费的征收职能发挥的好坏,不仅关系到征费部门自身的建设,也关系到企业和人民的切身利益,关系到国家有关法规、政策、方针地贯彻执行,所以,对征费部门进行社会监督,不仅有着经济意义,还有更重要的政治意义。

(1)社会监督的地位和作用。

社会监督的地位和作用,主要表现在两个方面:一是确保公路收费政策法规的贯彻执行。任何制度的贯彻实施,只有实行严格的监督,才能使其发挥应有的效能,公路通行费征收的政策和规章更是如此,只有实行严格的社会监督,才能维护国家政策法规的严肃性,克服执法不严、有法不依、违法不究的现象,使政策法规得以全面实施。二是帮助征收单位发现问题、查找原因、改进措施、健全制度、堵塞漏洞,提高管理效能和质量。

(2)社会监督原则。

①依法监督的原则。这是实施社会监督必须遵循的基本原则。监督的依据,必须是同被监督内容相关的政策和法规,做到执法检查,遵法办案、依法查处,绝不以情代法,以言代法、以权代法。一切依法办事,不受任何外来因素干扰,这样,政策法规才能得以实施,督察工作才能稳妥而有成效。

②教育与惩处相结合的原则。在社会监督中对违法违纪的惩处,不是目的,而是加强征费管理的一种手段,对违法行为依法进行惩处,促使收费单位增强政策法规观念,克服和抵制违法违纪行为,做到依法收费。

(3)社会监督的内容。

社会监督的内容有以下几个方面。

①要坚持六公开:收费公路管理单位应当在收费站的显著位置,设置载有收费站名称、审批机关、收费单位、收费标准、收费起止年限和监督电话等内容的公告牌,接受社会监督。

②要认真受理群众来信、来访和投诉,对投诉内容要认真查实,并尽快做出处理。

③上岗人员要认真着装并佩戴工号章或上岗证。

二、加强制约和监督力度,建设清正廉洁的收费队伍

在党风行风廉政建设工作中,我们首先从完善内部监督制约机制

入手，建立健全并严格执行党的民主集中制各项具体制度，涉及重大决策、干部任免和大额资金的使用等，均经集体讨论决定；加强财务管理，严格执行“收支两条线”管理规定，对通行费征收实行班清日结，严格现金管理、账目管理和票据管理；坚持政务公开制度，在选拔干部、职工入党、工资调整等方面，要定期向干部职工公开；认真组织学习廉政建设有关规定，进行严肃的对照检查，做好廉政建设；广辟监督监督渠道，定期召开各种党风廉政建设座谈会、民主生活会、监督员座谈会，广泛征求各方面关于收费处党风廉政建设工作的意见和建议，同时充分利用监控职能加大监督检查力度，规范一线职工执收行为，使职工做到过而不漏，收而不贪。

在职工教育上，通过抓载体活动开展廉政教育。收费单位要开展“树交通新风、建廉政行业”和“廉政文化进交通”等多样化活动。着力培养干部职工“要管一张嘴、迈开两条腿”、争做“五种人”，即：做到不该吃的宴请不吃、不该说的话不说、违反原则的事不办；走出家门、出门深入一线搞调研，走访协调周边关系、创建和谐环境；做政治上的明白人、经济上的清白人、执收上的公道人、服务上的贴心人、工作上的带头人。

结合工作特点，对职工教育着重从三方面入手：一是开展爱岗敬业教育，教育职工珍惜工作爱岗敬业；二是开展业务知识培训，组织职工进行培训，通过集中培训使职工尽熟练掌握了收费政策和业务技能；三是坚持每月必考，坚持每班必学、每月必考，强化收费职工业务素质。

通过有效的教育活动切实提高了职工的拒腐防变能力和廉洁自律意识，使每个收费职工都清醒的做到依法收费，收而不贪，筑牢拒腐防变的思想道德防线，做一名廉洁的收费职工。

三、推进党风廉政建设，为运营管理工作提供纪律保障

强化制度落实，充分发挥制度在惩治和预防腐败中的根本作用，严格执行党风廉政建设责任制，通过层层签订责任书，严格考核，狠抓党风廉政建设各项规定的落实工作，建立健全用制度规范行为、按制度办事、靠制度管人的长效机制，加大从源头上防止腐败的力度。加大监督惩处力度，加强对重点岗位和重点环节的监督力度，以项目招

投标、集中大宗物资采购、资金调度使用、干部选拔任用、人事调配等行为为重点，切实加强对人、财、物和掌握行政资源的重点人员等重点环节的监督，坚决堵住容易产生腐败的漏洞。

始终把职工队伍建设作为一项长期的基础性工作来抓，通过党员、领导干部的培训，请专家学者举办讲座等形式，以开展“加强机关作风建设，创建和谐机关，促进科学发展”主题实践活动为契机，开展了转变机关作风和整肃收费纪律和机关作风整顿专项活动，通过认真查找不足和积极整改提高，达到了“业务熟练、管理严格、秩序井然、作风扎实、廉洁自律、文明服务”的要求，使收费队伍工作作风、工作纪律有明显好转。组织全省高速公路收费人员技术技能竞赛活动，树立了业务典型，激发了广大职工的工作热情，提高了收费人员业务技能。

深入开展反腐倡廉教育，筑牢拒腐防变的思想道德防线，通过学习贯彻党章、“四大纪律，八项要求”和上级部门对廉政建设的规定，深入开展法纪教育、党的光荣传统和优良作风教育，深入开展示范教育和警示教育，让每个党员干部从勤政廉政好干部的感人事迹中汲取思想营养，从反面典型中吸取深刻教训，加强廉政文化建设，进一步营造廉荣贪耻的良好氛围。

四、采取硬措施加强行风廉政建设，打造高等级公路交通窗口优质服务品牌

1. 强化内部管理，采取“五项措施”，切实保障依法规范执收

在行风建设上，除了注重职工素质的提高外，还要在管理上狠下工夫。一是逐步健全完善奖惩机制，严明奖惩，科学激励，将目标与任务层层分解到班组和个人。对超额完成任务的站长、班长和个人给予奖励，不能完成任务的按照责任状进行处罚。二是严把月票关。严格控制月票办理范围，对超范围的车辆坚决不予办理月票。三是严肃收费纪律，杜绝人情车、半费车。四是加大依法执收力度，尽可能地减少逃费、漏费的机会。五是进一步规范执收行为，坚持执收“十要十不要”工作准则，切实提高工作效率。

2. 履行服务承诺，优质服务，树立良好交通形象

一是坚持文明服务、委屈服务，杜绝生、冷、硬、横，对于个别态度不好的驾驶员要保持克制态度，耐心做好解释工作，做到你急我

不急、耐心讲道理、打不还手，骂不还口，绝不能因为一时鲁莽冲动而激化矛盾引发纠纷。二是落实便民、利民服务措施，设立便民服务台，配置修车工具、应急药品、毛巾、脸盆、暖壶等物品，保证24h供应开水，积极为过往车户和行人服务。三是坚持定期走访宣传，聘请社会监督员，向社会发放行风建设征询意见卡，改进工作方法，提高社会满意度。

心系群众，积极开展献爱心活动。

五、有关法规和交通行风廉政建设的规定

1. 高速公路车辆通行费征收的法律依据

1998年1月1日起执行的《中华人民共和国公路法》(简称《公路法》)和1999年7月31日第九届全国人民代表大会常务委员会第十二次会议修改完成的《中华人民共和国公路法》和2004年11月1日颁布执行的《收费公路管理条例》。

《公路法》第六章第五十八条规定：国家允许依法设立收费公路，同时对收费的公路数量进行控制。

《公路法》第五十九条规定：符合国务院交通主管部门规定的技术和规模的下列公路，可依据收取车辆通行费；

由县级以上地方人民政府交通主管部门利用贷款或者向企业、个人集资建成的公路；

由国内外经济组织依法受让前项收费公路收费权的公路；

由国内外经济组织依法投资建成的公路。

《公路法》第六十条规定：县级以上地方人民政府交通主管部门利用贷款或者集资建成的收费公路收费期限，按照收费偿还贷款、集资款的原则，由省、自治区、直辖市人民政府按照国务院交通主管部门的规定确定。

有偿转让公路收费权的公路，收费权转让后，由受让方收费经营。收费权的转让期限由出让、受让双方约定并报转让收费权的审批机关审查批准，但最长不得超过国务院规定的年限。

国内外经济组织投资建成公路，必须按照国家有关规定办理审批手续；公路建成后，由投资者收费经营。收费经营期限按照收回投资并有合理回报的原则，由有关交通主管部门与投资者约定并按照国家

有关规定办理审批手续，但最长不得超过国务院规定的年限。

《公路法》第六十一条规定：本法第五十九条第一款第一项规定的公路中的国道收费权转让，必须经省、自治区、直辖市人民政府批准，并报国务院交通主管部门备案。

前款规定的公路收费权出让的最低成交价，以国有资产评估机构评估的价值为依据确定。

《公路法》第六十二条规定：受让公路收费权和投资建设公路的国内外经济组织应当依法成立开发、经营公路的企业（以下简称公路经营企业）。

《公路法》第六十三条规定：收费公路车辆通行费的收费标准，由公路收费单位提出方案，报省、自治区、直辖市人民政府交通主管部门会同同级物价行政主管部门审查批准。

《收费公路管理条例》第一章第七条规定：收费公路的经营管理者，经依法批准有权向通行收费公路的车辆收取车辆通行费。

2. 收费站（点）设置的有关规定

为贯彻落实《国务院办公厅关于治理向机动车辆乱收费和整顿道路站点有关问题的通知》（国办发[2002]31号）以及《国务院减轻企业负担部际联席会议关于贯彻落实 <国务院办公厅关于治理向机动车辆乱收费和整顿道路站点有关问题的通知> 的实施意见》（国减负[2002]11号）精神，加强收费公路管理，规范收费站（点）设置，促进公路持续健康发展，根据国家有关法律和政策，2003年1月10日交通部文件交公路发[2003]10号发布了《公路收费站点清理整顿指导意见》。

3. 交通行风建设有关规定

2007年5月30日，中央纪委制订下发了《中共中央纪委关于严格禁止利用职务上的便利谋取不正当利益的若干规定》。《规定》针对当前权钱交易案件中出现的新情况、新问题，明确了依照受贿处理的违纪行为与其他违纪行为的政策界限，是加强领导干部作风建设，促进领导干部廉洁从政的一项重要措施。《规定》共10条，主要对党员干部提出了8项严格的禁止性规定，即，严格禁止国家工作人员中的共产党员利用职务上的便利为请托人谋取利益，以交易形式收受财物；收受干股；由请托人出资“合作”开办公司或者进行其他“合作”投资；以委托请托人投资证券、期货或者其他委托理财的名义获取“收益”；通过赌博方式收受财物；使特定关系人不实际工作却获取所谓薪

酬；授意请托人以本规定所列形式，将有关财物给予特定关系人；在职时为请托人谋利而在离职后收受财物。该《规定》的实施，为有效查处新形势下权钱交易案件及时地提供了法规政策依据，促进了党员干部廉洁自律工作的深入开展，体现了党中央和各级党组织对广大党员干部的关心和爱护。

参考文献

[1] 上海市公路管理处.《公路机电系统维护技术指南》. 北京:人民交通出版社,2006

[2] 中国公路学会编. 交通工程手册. 北京:人民交通出版社,1998

[3] 王炜,过秀成等. 交通工程学. 南京:东南大学出版社,2000

[4] 安忠民,孙炳军等. 高速公路交通安全管理教程. 北京:中国环境科学出版社,1999

[5] 高速公路丛书编委会. 高速公路运营管理. 北京:人民交通出版社,1995

[6] 王文武. 高速公路安全管理. 北京:人民交通出版社,2001